Deutsche Haiku-Gesellschaft e. V.

Die Deutsche Haiku-Gesellschaft e. V.[1] unterstützt die Förderung und Verbreitung deutschsprachiger Lyrik in traditionellen japanischen Gattungen (Haiku, Tanka, Haibun, Haiga und Kettendichtungen) sowie die Vermittlung japanischer Kultur. Sie organisiert den Kontakt der deutschsprachigen Haiku-Dichter untereinander und pflegt Beziehungen zu entsprechenden Gesellschaften in anderen Ländern. Der Vorstand unterstützt mehrere Arbeits- und Freundeskreise in Deutschland sowie Österreich, die wiederum Mitglieder verschiedener Regionen betreuen und weiterbilden.

[1] Mitglied der Federation of International Poetry Associations (assoziiertes Mitglied der UNESCO), der Haiku International Association, Tokio, Ehrenmitglied der Haiku Society of America, New York.

Anschrift	Deutsche Haiku-Gesellschaft e.V., z. Hd. Stefan Wolfschütz, Postfach 202548, 20218 Hamburg

Vorstand

Info/DHG-Kontakt und Redaktion	Horst-Oliver Buchholz, horst-oliver.buchholz@dhg-vorstand.de
Redaktion	Eleonore Nickolay, eleonore.nickolay@dhg-vorstand.de
Kassenwartin	Petra Klingl, petra.klingl@dhg-vorstand.de
Website	Stefan Wolfschütz, stefan.wolfschuetz@dhg-vorstand.de
	Claudia Brefeld, claudia.brefeld@rub.de
Internationale Kontakte	Klaus-Dieter Wirth, kd.wirth@dhg-vorstand.de
	Peter Rudolf, peter.rudolf@dhg-vorstand.de
	Tony Böhle, tony.boehle@dhg-vorstand.de
Bankverbindung:	Landessparkasse zu Oldenburg, BLZ 280 501 00, Kto.-Nr. 070 450 085 (BIC: SLZODE22XXX, IBAN: DE97 2805 0100 0070 4500 85)

AF200866

Bibliografische Information der Deutschen Nationalbibliothek:
Die Deutsche Nationalbibliothek verzeichnet diese Publikation in der Deutschen
Nationalbibliografie; detaillierte bibliografische Daten sind im Internet über
dnb.dnb.de abrufbar.

©2019 Deutsche Haiku-Gesellschaft
Herstellung und Verlag:
BoD – Books on Demand, Norderstedt
ISBN 978-3-750416-66-6

Editorial

Liebe Leserinnen und Leser,

Weihnachten steht vor der Tür … Nicht ganz überraschend, Lebkuchen und Spekulatius kündigen uns dies ja bereits seit Ende August in den Supermärkten an. Dennoch wird es dann kurz vor dem Fest immer wieder knapp, alle Geschenke für die Lieben zu besorgen, und auch wir haben unser Bestes gegeben, damit Sie diese Ausgabe rechtzeitig „unter dem Baum" erreicht …

Lassen Sie sich von uns auch in dieser Ausgabe wieder mit einer Vielzahl an Beiträgen, Artikeln und Rezensionen in die Welt des Haiku entführen. So erläutert uns z. B. Klaus-Dieter Wirth die geschichtliche Entwicklung des Haiku in Japan, wir berichten vom „Lyrischen Pfad" in Aurich, dem Workshop „Text Forum Fantasie" in Heidelberg, laden Sie mit unserem Artikel „Das Haiku ist tot!?" zu einer kontroversen Diskussion ein, und, und, und …

Sie sehen, auch diese SOMMERGRAS-Ausgabe steckt wieder voller Überraschungen und interessanter Beiträge!

Das gesamte SOMMERGRAS-Redaktionsteam wünscht Ihnen friedvolle, besinnliche Weihnachtstage und einen guten Rutsch in das kommende Jahr!

Herzliche Grüße
Ihr Thomas Opfermann

Inhalt

BERICHTE

MITTEILUNGEN 109

IMPRESSUM 116

Weiterdichten

Ein Haiku zum Herbst

Wussten Sie es? Über keine Jahreszeit sind in der deutschsprachigen Lyrik so viele Gedichte verfasst worden wie über den Herbst. Das ist tatsächlich so, fleißige Germanisten haben es herausgefunden. Woran das liegen mag, darüber kann lange und tief sinniert werden. Ist es die Melancholie der Jahreszeit, die Menschen zu Dichtern macht? Oder ist es einfach die erste Kühle des Jahres, die den Schreibenden in seine behagliche Dichterklause treibt? Was und wie auch immer, gesichert ist: Noch nie haben uns so viele Einsendungen für diese Rubrik erreicht wie zu unserer Einladung zu einem Herbst-Haiku. 48 Dichterinnen und Dichter schickten ihre Werke ein, herzlichen Dank! Wir haben die Vielzahl der Blätter gesichtet, gelesen und gewertet. Leicht war eine Auswahl nicht. Schließlich brachte es ein Haiku von Ellen Althaus-Rojas auf die meisten Punkte. Wir gratulieren herzlich. Das Haiku lautet:

ums Kartoffelfeuer –
was wir sagen und schmecken
so erdig

Diesem Haiku gelingt etwas Seltenes. Es ist im Grunde nur ein einziges Bild, eine einzige Erfahrung, die uns entgegentritt, die dabei aber eben nicht eindimensional bleibt. Exzellent gemacht! Das Haiku lässt sich lesen und deuten als eine Erfahrung äußerster Naturnähe, einer Naturverbundenheit bis fast zur Verschmelzung. Warum ist das so? Das Haiku eröffnet mit einem starken Bild, dem Kartoffelfeuer. Ein Feuer also, das nicht allein wärmt, es wird auch Nahrung darin gegart. Kartoffeln, ein Grundnahrungsmittel, gereift in Mutter Erde. In der zweiten Zeile: „sagen" und „schmecken", das gelesen und erfahren werden kann als Gedankliches (sagen) und Sinnliches (schmecken), Ratio und Emotion. Beides vereint ergibt den Menschen, hier zusammengeführt in einer Zeile. Die dritte

Zeile schließlich, wunderbarer Kunstgriff, schließt die Klammer. Denn beides, sagen und schmecken, sind „so erdig", vereinen sich also in dem Naturhaften, aus dem wir kommen – wie auch die Erdäpfel, womit sich wiederum kunstfertig der Bogen spannt zu Zeile eins. Ein beziehungsreiches Geflecht mithin, inhaltlich tief, gehüllt in schöne sprachliche Leichtigkeit. Oder kurz: ein wunderbares Haiku.

Kommentiert von Horst-Oliver Buchholz

Außerdem präsentieren wir noch eine Auswahl von Haiku, die die Jury mehrheitlich als gut gelungen angesehen hat.

Weinlese
die Süße zwischen den Zeilen –
seiner Mail
    Kerstin Ambach

Rosskastanien
die Stille
im Kinderzimmer
    Christa Beau

an der Salzau
ein welkes Eichenblatt
treibt ins Licht
    Claus Hansson

die Wespen
auf dem Traubengelee
Erntedankfest
    Gérard Krebs

Erntedankfest
Vaters Tafelsilber
behalten
    Eva Limbach

kastanien
die braun gefleckten wege
zu deinen augen
    Sonja Raab

Vergessen –
Die Trauben an der
Streuobstwiese
    Bernd Reklies

goldener Oktober
der greise Winzer schwärmt
vom Wein der nächsten Jahre
    Wolfgang Rödig

leerer Garten
ein Krug gefüllt mit Wein
vergessen
    Rita Rosen

verlassenes Haus –
die Trauben am Zaun
so süß
    Angelica Seithe

im Wespenschwirren
unter glasigem Himmel
säuert die Maische

Traude Veran

Herbst
die Vogelscheuche
entkleidet

Friedrich Winzer

offener Weinberg –
ein Obdachloser
isst sich satt

Janina Weidholz

Im Nebel
Tausend Sonnen
Ein Kürbisfeld

Iris Ziesemer

Aufruf: Ein Haiku zum Winter dichten

Auch weil unser vergangener Aufruf zu einem Herbst-Haiku ein so
erfreulich vielstimmiges Echo hervorgerufen hat, möchten wir Sie gerne
wieder zu einem Jahreszeiten-Haiku einladen. Dieses Mal natürlich: der
Winter.

Lassen Sie sich inspirieren und schicken Sie uns Ihr Haiku zur kalten
Jahreszeit. Wir sind gespannt auf Ihre Texte!

Einsendungen bis zum 15. Januar 2020 an:
redaktion@deutschehaikugesellschaft.de
Stichwort: Haiku im Winter

Haiku-Kaleidoskop

Klaus-Dieter Wirth

Grundbausteine des Haiku (XXXVIII)
dargestellt an ausgewählten Beispielen

Kompensation

Kompensation im Sinne von Ersatz ist mehr als nur ein Sich-Entsprechen wie im Falle der Korrespondenz (vgl. Grundbaustein IX). Hier findet vielmehr darüber hinaus ein definitiver Austausch der Phänomene aufgrund einer gemeinsamen Ausgangsbasis statt. Gelegentlich mag die Kompensation auch an den Vergleich (vgl. Grundbaustein XVII) heranrücken, sofern es inhaltlich zu einer konkretisierten Übersteigerung kommt. Jedenfalls eröffnet sich im Allgemeinen eher noch ein größerer und vielfältigerer Freiraum für Interpretationsmöglichkeiten, was wiederum die grundsätzlich erwünschte Einbeziehung des Lesers (*yoin*) in den Schaffensprozess unterstützt.

winter sun
frozen on horseback
my shadow[1]

    Matsuo Bashō (JP)

Kalter Wintertag –
auf dem Pferd gefriere ich
zur Schattengestalt[2]

the washbasin's
drip-dripping gives way to
crickets' chirping[3]

    Nozawa Bonchō (JP)

das Getröpfel
des Waschbeckens weicht dem
Gezirpe der Grillen

---

[1] Übersetzung von David Landis Barnhill
[2] Übersetzung von Eduard Klopfenstein und Masami Ono-Feller
[3] Übersetzung von Adam L. Kern

9

Hiberner dans un trou
Devenir une ourse
C'est mon rêve[4]

Takagi Haruko (JP)

Überwintern in einem Hohlraum
Eine Bärin werden
Davon träume ich

lazing in shadows
conceding the drawing room
to moonrays[5]

Natsume Seibi (JP)

faulenzen im Schatten
den Salon den Strahlen
des Monds überlassen

Frost – ich flüchte
in den Sommer
des Fotoalbums

Christa Beau (DE)

am grab der mutter
singe ich ein wiegenlied
mit ihrer stimme

Beate Fischer (DE)

Auf fernem Hügel
blühende Schlehdornbüsche
täuschen Neuschnee vor.

Michael Groißmeier (DE)

fernweh
quer durch rumänien
mit dem finger

Sonja Raab (AT)

Fremd in der Stadt
mein Schatten
übernimmt die Führung

Dietmar Tauchner (AT)

ein verstorbener Freund
im Gespräch am See
mit seinem Hund

Klaus-Dieter Wirth (DE)

oude weduwnaar
de gekooide parkiet
geeft nog wat aanspraak

Rudolf Brenninkmeijer (NL)

alter Witwer
der Wellensittich im Käfig
noch so was wie ein Kontakt

---

[4]Übersetzung von Alain Kervern
[5]Übersetzung von Adam L. Kern

schelpen rapen
het heimwee naar de zee
bewaren
    Ria Giskes (NL)

Muscheln auflesen
das Heimweh nach dem Meer
bewahren

hoe vrij en vertrouwd
met mijn kleinkind
die andere oma
    Ida Gorter (NL)

wie frei und vertraut
mit meinem Enkelkind
die andere Oma

De patisserie van toen
is nu een apotheek.
Dezelfde klanten.
    Hilda Kiekemans (BE)

Die Konditorei von damals
ist nun eine Apotheke.
Dieselben Kunden.

Rond het kampvuur –
langzaam nemen de krekels
het gesprek over.
    Gré Wansdronk (NL)

Am Lagerfeuer –
langsam ziehen die Grillen
das Gespräch an sich.

new knitting circle
the same stories
with different voices
    Elizabeth Black (US)

neuer Strickkreis
dieselben Geschichten
mit anderen Stimmen

winter chill
a widow seeks warmth
in his worn sweater
    Eileen Benavente-Blas (GU)

winterliches Frösteln
eine Witwe sucht Wärme
in seinem abgetragenen Pullover

new dog
calling him
by the old one's name
    Irene Golas (CA)

neuer Hund
ich rufe ihn
beim Namen des alten

silent night
the singing hands
of the deaf child

    Nancy Kilbride (US)

stille Nacht
die singenden Hände
des tauben Kindes

too tired
I let the wind
chant my prayer

    Andy McLellan (GB)

zu müde
ich lasse den Wind
mein Gebet singen

our parrot shrieks
my father's name
in my mothers voice

    Cole Mitchell (US)

unser Papagei kreischt
den Namen meines Vaters
mit meiner Mutters Stimme

having outlived my friends
I seek
acquaintances

    Ruth Parker (US)

meine Freunde überlebt
suche ich
Bekanntschaften

Christmas alone
the widow makes a man
from snow

    Alexis Rotella (US)

Weihnachten allein
die Witwe baut sich einen Mann
aus Schnee

Album photos
le son des vagues
sur les genoux

    Evelyne Bélard (FR)

Fotoalbum
das Rauschen der Wellen
auf den Knien

Les araignées
tirent les rideaux
de la maison vide.

    Paul Fréard (FR)

Die Spinnen
schließen die Vorhänge
des leeren Hauses.

panorama
la femme au fauteuil roulant
promène son regard

    Éléonore Nickolay (DE/FR)

Panorama
die Frau im Rollstuhl
lässt ihren Blick wandern

grilles du zoo –
dans le souffle du loup blanc
l'immense Alasca

    Minh-Triêt Pham (VN/FR)

Zoogitter
im Atem des weißen Wolfs
das riesige Alaska

Sur le bord du puits,
un seau
la pluie le remplit[6]

    Sameh Derouich (MA)

Auf dem Brunnenrand
ein Eimer
der Regen füllt ihn

En el cristal
del farol apagado
brilla la luna.

    Juan Carlos Durilén (AR)

Im Glas
der abgeschalteten Laterne
leuchtet der Mond.

away from home –
our morning glory blooms
on my laptop[7]

    Tomislav Maretić (HR)

fern von daheim
blüht unsere Prunkwinde
auf meinem Laptop

Strong rainstorm.
The vessels sailed
into the painter's atelier.[8]

    Vera Primorac (BA/HR)

Starker Regenschauer.
Die Schiffe segelten
ins Maleratelier.

---

[6]Übersetzung aus dem Arabischen von Nasser-Edine Boucheqif
[7]Übersetzung von Đurđa Vukelić-Rožić
[8]Übersetzung von Đurđa Vukelić-Rožić

13

Grundzüge der Geschichte des Haiku in Japan

Grob betrachtet lässt sich die Geschichte des Haiku im Mutterland seiner Entstehung in drei Phasen einteilen: eine Phase der Entwicklung, eine klassische Phase und eine moderne Popularisierungsphase, die nicht zuletzt infolge der späten Öffnung Japans für Kontakte mit der westlichen Welt eine in diesem Maße zuvor noch nie dagewesene Diversifizierung, ja radikale Neuorientierung zeitigte.

1. Die Entwicklungsphase

Geht man zu den Wurzeln zurück, stößt man in frühester Zeit zunächst auf das *Waka*, seltener auch *Yamato-uta* genannt, eine Sammelbezeichnung für in Japan selbst entwickelte Gedichtformen, die sich nämlich erst einmal gegenüber den schon zuvor importierten und parallel geläufig gebliebenen *Kanshi*, Gedichten in chinesischer Sprache und Form, behaupten mussten. Die beiden wichtigsten Genres des *Waka* waren das *Tanka*, ein Kurzgedicht mit dem Metrum 5-7-5-7-7 Moren (Wortteilen) und das Langgedicht *Chōka* mit 5-7-5-7-5-7-7 Moren. Meist in geselliger Runde vorgetragen, diente ihr Vortrag zur bloßen Unterhaltung oder um einem besonderen Anlass einen würdigeren Rahmen zu geben. Dazu begünstigte die Gliederung des *Tanka* in zwei Teile, dass es auch von zwei Personen verfasst werden konnte: Der erste Dichter schuf das *Hokku* (Oberstollen, 5-7-5), der zweite das *Matsuku* (Unterstollen, 7-7). Diese Art gemeinsamen Dichtens begünstigte wiederum das Entstehen von *Renga*, eine Reihung von *Tanka*, die Kettengedichte hervorbrachte, wie beispielsweise das 20-strophige *Nijûin*, das am meisten gepflegte 36-strophige *Kasen* – jeweils geprägt von klaren inhaltlichen Vorgaben der einzelnen Verse an ganz bestimmten Stellen – bis hin zu noch längeren Formen, wie das 100-strophige *Hyakuin* oder das gar 1000-strophige *Senku*. Das Zustandekommen insbesondere dieser Langformen zog sich allein schon wegen der Vielzahl ihrer einzelnen Autoren oft über einen beträchtlichen Zeitraum hin.

Diese frühen Anfänge gehen bis in das 8. Jahrhundert zurück. Umso erstaunlicher, dass bereits in dieser Zeit auch schon die erste große Gedichtanthologie *Man'yōshū* („Sammlung der 10.000 Blätter") entstand.

Deutlich später, im 13. Jahrhundert, finden sich sodann erste belegte Abtrennungen des *Hokku* aus der *Renga*-Bindung in Richtung einer eigenständigen Gedichtform, fortan auch *Haikai no Renga* (*Haikai* und *Renga*), kurz nur *Haikai* oder weiter einfach *Hokku* genannt. Damit einher ging bereits eine gewisse Entwicklung weg von dem ursprünglich rein aristokratischen Anstrich hin zu einer humorig volksnäheren Ausprägung (*hai* = gewitzt, heiter und *kai* = Bedeutung eines Gedichts), zum Teil sogar mit ironischen Untertönen, dennoch im höfischen Bereich und in der Kriegerkaste der *Samurai* nach wie vor als Galanterie- und Wortspielgedicht weiterhin beliebt.

Ein nächster Schritt in der Emanzipation des *Haiku* zeichnete sich ab – diesmal mehr inhaltlicher Art –, als *Iio Sōgi* (1421–1502), Meister der Kettendichtung, entschieden die Einbeziehung eines Jahreszeitenelements forderte, um gerade durch die Wechselbeziehung zwischen dem Zeitpunkt des Verfassens eines *Hokku* und seiner jeweiligen saisonalen Verankerung eine Bedeutungsvertiefung zu erreichen.

yo ni furu mo   sara ni shigure no   yadori kana

life in this world   das Leben auf Erden
just like a temporary shelter   nur ein zeitweiser Schutz
from a winter shower   vor einem Winterschauer
    Übers. Ueda Makoto

Zeugt dieser Text mit seinem aphoristischen Charakter zugleich von einer gewissen Lebensweisheit, so geht der folgende von *Arakida Moritake* (1473–1549) wohl auf eine unmittelbare Augenblicksbeobachtung zurück:

rak-ka eda   ni kaeru to mireba   kochō kana

A fallen blossom   Ein Blütenblatt
returning to the bough, I thought –   das zurückkehrt an seinen Zweig? –
But no, a butterfly.   Ein Schmetterling!
    Übers. Stephen D. Carter   Übers. Dietrich Krusche

Im Gegensatz dazu erscheint das galante *Haikai* von *Yamazaki Sōkan* (1465–1553) eher wie ein gedankliches Konstrukt:

tsuki ni e wo   sashitaraba yoki   uchiwa kana

If to the moon	Könnte man am Mond
one puts a handle – what	einen Handgriff anbringen,
a splendid fan!	welch ein Rundfächer!
Übers. Harold G. Henderson	Übers. Klaus-Dieter Wirth

Ein nächster Akzent wurde mit der Veröffentlichung *Renga Shihō Shō* (1585) durch *Shōha Nomura* (1524?–1602?) gesetzt[1], indem er nachdrücklich sein Konzept des *hon-i* („das Herz der Dinge") in die Diskussion einbrachte, um eine noch „tiefere intuitive Verbindung" zu erreichen. Außerdem sah er dieses Kriterium als mitentscheidend für eine bessere Distanzierung vom rivalisierenden Genre des *Tanka* an, das er eher mit oberflächlicher Gefühlslyrik gleichsetzte.

Für die weitere Entwicklung des *Haikai*-Stils sind sodann die *Teimon*-Schule, die von Matsunaga Teitoku (1571–1654) gegründet wurde und schließlich die *Danrin*-Schule von Nishiyama Sōin (1605–1682) zu nennen. Handwerklich kommen die Gedichte der älteren Schule bereits recht korrekt daher, inhaltlich stellen sie jedoch eher einen Rückschritt dar, denn „oft mangelt es ihnen an poetischer Spannung und Tiefe des emotionalen Ausdrucks. Geschätzt wurden Humor, raffinierte Wortspiele und Anspielungen auf Klassiker." Und dennoch „besteht Teitokus Verdienst vor allem darin, das *Haikai* als eine anerkannte literarische Form etabliert zu haben." Die *Danrin*-Schule war im Vergleich mehr an Effekthascherei bis hin zu derbem Witz interessiert, lehnte jedes einengende Regelwerk weitgehend ab und blieb folglich literarisch ohne größeren Wert. Kein Wunder also, dass später „Bashō und seine *Shōmon*-Schule hinsichtlich der Grundregeln der Kettendichtung an die *Teimon*-Tradition anknüpften"[2].

---

[1]Yasuda, Kenneth: *Japanese Haiku – Its Essential Nature and History*, Boston-Rutland-Vermont-Tôkyô (Tuttle Publishing) 1957, pp. 211–213.

[2]Schönbein, Martina: *Jahreszeitenmotive in der japanischen Lyrik* – Zur Kanonisierung der *kidai* in der formativen Phase des *haikai* im 17. Jahrhundert, Wiesbaden (Harrassowitz Verlag) 2001, ISBN 3-447-04424-1, S. 22.

2. Die klassische Zeit

Ab dem 15. Jahrhundert begann sich das *Haikai* neben dem *Tanka* als eigenständige Versform zu etablieren. Noch ging es vorrangig um das Spiel mit Worten und Bildern. Doch dann, mit dem Beginn der *Edo*-Periode bzw. *Tokugawa*-Zeit (1603–1868), bildete sich die Form heraus, die wir heute als klassisches Haiku bezeichnen. Voraussetzung dafür waren einige besondere Zeitumstände. Zum einen war die Gesellschaft durch ein feudalistisches Klassen- und Ständesystem geprägt, zum anderen schottete sich Japan politisch fast vollständig nach außen hin ab. Und so entstand eine in sich geschlossene Gesellschaft in einer scheinbar unverrückbaren Umwelt mit einem genau definierten Werte- und Symbolsystem, in der Dichter wie Rezipienten fortan über Jahrhunderte auf der Grundlage eines gemeinsamen, klar abgegrenzten Verstehenshintergrunds lebten. Veränderungen fanden nur im Detail statt.

Die eigentliche Konsolidierungsphase, die Zeit der Klassiker, begann mit Matsuo Bashō (1644–1694), setzte sich mit Yosa Buson (1716–1784) fort und schloss mit Kobayashi Issa (1762–1826) ab. In ihr entwickelte sich das Haiku – damals allerdings immer noch *Haikai* genannt – endgültig zu einem selbstständigen Genre, das seine eigene, vertiefte Ästhetik herausbildet und auch eine volksläufigere Beachtung findet.

Der alte Teich.
Ein Frosch springt hinein –
das Geräusch des Wassers.

    Matsuo Bashō

Winterregen.
Eine Maus läuft über die Saiten
der Mandoline.

    Yosa Buson

Der Schnee ist geschmolzen:
Das Dorf läuft über
von Kindern.

    Kabayashi Issa

    (Übersetzungen von Dietrich Krusche)

3. Die Moderne

Gegen Ende des 19. Jahrhunderts wiederum setzt – beeinflusst durch die neue Berührung mit der bis dahin weitgehend unbekannt gebliebenen westlichen Kultur – eine grundsätzliche Neuorientierung ein, die fortan das moderne Haiku bestimmen sollte. Der Beginn dieser Phase wird markiert durch die Umbenennung des Genres von *Haikai* zu Haiku durch Masaoka Shiki (1867–1902) und die Propagierung seines *Shasei*-Stils, als solcher zu verstehen als eine möglichst objektive Skizze nach der Natur.

> Ich dreh mich um –
> der Mann, der mir entgegenkam,
> vergeht im Nebel.
>> Masaoka Shiki
>>> (Übersetzung von Dietrich Krusche)

Schon bei seinen Schülern Kawahigashi Hekigodō (1873–1937) und Takahama Kyoshi (1874–1959) zeichnet sich jedoch in der Folge der zukünftige Widerstreit zwischen den Lagern der Reformer und Traditionalisten ab.

> Unter dem Himmel des neuen Jahres
> ist das Meer
> ganz still.
>> Kawahigashi Hekigodō

> Die Schlange glitt davon
> doch ihre Augen
> blieben im Gras.
>> Takahama Kyoshi

>>> (Übersetzungen von Dietrich Krusche)

Auf der einen Seite die Verfechter der drei bislang unabdingbaren Strukturmerkmale, des „Silben"-Aufbauschemas *Teikei* in 5-7-5 *Onji*[3], des *Kigo*, d. h. eines Jahreszeitenworts und schließlich des *Kireji*, eines sog. Schneide- oder Seufzerworts; auf der anderen Seite die Verfechter eines freieren Stils

---

[3] So etwas wie Silben, genauer Moren und dennoch nicht direkt vergleichbar auch mit diesen Lauteinheiten in westlichen Literaturen, da ihre japanischen Entsprechungen als rein zeitliche Maßangaben mit immer gleicher Länge zu verstehen sind.

bis hin zu extremen, ja surrealistischen Vorstellungen, hier kurioserweise von der Einhaltung der *Teikei*-Schablone bis zu ihrer völligen Missachtung.

aki no chō   ikete-iru ki wa   mottomo ki

Das lebhafte Gelb
eines Schmetterlings im Herbst,
gelb vor allem!

   Seishi Yamaguchi (1901–1994)

     (eigene Übersetzung nach einer
     englischen Vorlage von Takashi
     Kodaira und Alfred H. Marks)

„Schmetterling" = eigentl. ein Frühlings-*Kigo*

wake-ireba   mizu-oto

Wate ich hindurch –
Wasserklänge

     Taneda Santōka (1882–1940)

     (Übersetzung von
     Robert F. Wittkamp)

keine Dreiteilung: 5-5 *Onji* und ohne *Kigo*

uki kitari nan   ono hitofuri no   saikai

Regenzeit bricht an!
Wie ein Schlag mit der Axt
dieses Wiedersehen

    Katō Ikuya (1929–2012)

     (Übersetzung von
     Eduard Klopfenstein und
     Masami Ono-Feller)

7-7-4 Onji und ohne Kigo

mirai yori   taki o fukiwaru   kaze kitaru

Aus der Zukunft
bläst ein Wind heran,
teilt den Wasserfall

    Ban'ya Natsuishi (1955– …)

     (eigene Übersetzung nach einer
     englischen Vorlage von
     Hiroaki Satō)

formal konform / „Wasserfall" = Sommer-*Kigo*

Ludmila Balabanova

Natur und Stadt im Haiku sowie in der westlichen Poesie
Übersetzung aus dem Englischen von Klaus-Dieter Wirth

Die Natur hat seit der Antike immer schon sowohl im Osten als auch im Westen eine wichtige Rolle gespielt. Die Tatsache, dass es auf allen Ebenen, von der Philosophie bis zur Poesie, mehr Unterschiede als Ähnlichkeiten zwischen dem Osten und dem Westen gegeben hat, ist bis zu einem gewissen Grade der verschiedenen Wahrnehmungs- und Reflexionsweise in puncto Natur zu verdanken.

Diese Abhandlung versucht, zwei Fragen zu beantworten:

Warum stehen im Westen die Zivilisation mit ihrem Hauptsymbol, der Stadt, und andererseits die Natur einander gegenüber, während dies im Osten nicht der Fall ist?

Auf welche Art und Weise entwickelt sich das Auseinanderklaffen zwischen den westlichen und östlichen Kulturen entsprechend den unterschiedlichen Stufen in der Poesie und im Haiku?

Der hauptsächliche Gegensatz zwischen der östlichen und der westlichen Philosophie, wie er sich in den verschiedenen Niveaus ihrer Kulturen äußert, ist: hier Kosmozentrismus, dort Anthropozentrismus.

Anthropozentrismus, sehr geläufig im Westen, ist untypisch in der östlichen Kultur. Seit Protagoras (485–410 v. Chr.) feststellte, dass „der Mensch das Maß aller Dinge ist", hat die anthropozentrische Weltsicht eine zentrale Stellung in der westlichen Kultur eingenommen. Selbst bei Schopenhauer, der östliche und westliche philosophische Traditionen zusammenführte, können wir eine anthropomorphische Annäherung beobachten, die sich mit offensichtlichem Anthropozentrismus verbindet. Indem er der universalen Macht die Bezeichnung „Wille" beigab, war es „der Wille des Menschen", den er da im Sinn hatte, als er die besagte Bedeutung ausweitete und so den Menschen ins Zentrum der Welt rückte[4]. Nach westlichen Vorstellungen ist die Stadt die Hauptmetapher für

---

[4]Schopenhauer, Arthur: *Die Welt als Wille und Vorstellung.*

den Menschen und die menschliche Gesellschaft, beide damit von der Natur getrennt.

Dagegen gilt der Mensch in der Philosophie des Ostens nur als einer der zahlreichen Aspekte wahrer Wirklichkeit. „Himmel und Erde sind nicht gut (menschlich gesehen), sie behandeln die unzähligen Dinge nur als Strohhund" (in übertragener Bedeutung als „etwas Nutzloses und Unnötiges").[5] Das obige Zitat aus dem Tao Te Ching erklärt, dass alle Wesen und Dinge denselben Wert in einer fortwährenden Wirklichkeit haben. Die etwas harschen Methoden im Zen-Training stehen in Verbindung mit diesem Verständnis und haben zum Ziel, das Bewusstsein des Eingeweihten von dem Begriffsnetzwerk des Intellekts abzukoppeln, das den Menschen zum „Maß aller Dinge" macht.

Der Hauptgegensatz – Anthropozentrismus gegen Kosmozentrismus – entfaltet sich auf verschiedenen Ebenen auch in weiteren Gegensätzen: Sprachcode gegenüber Bildcode, Metapher gegenüber *Kigo*, Personifikation gegenüber Animismus. Sie alle sind der verschiedenen Rolle zu verdanken, die der Mensch und die Natur im Osten bzw. im Westen einnehmen.

Die bedeutende Rolle, die der Natur im Haiku zukommt, beruht auf seinem Grundcharakteristikum, der konkreten Bildlichkeit, ausgedrückt in direkter, einfacher Sprache, und andererseits auf der großen Tiefe, die in der Dichter-Leser-Verbindung zum Tragen kommt. Die Bedeutung der Wörter in einem Haiku ist eine andere, verglichen mit ihrer grundsätzlichen Rolle in anderen Genres. Im Haiku „erzählen" die Wörter nicht, sondern helfen vielmehr dem Leser, in den Raum hinter ihnen vorzudringen. Sie dienen dazu, ein Bild zu zeichnen. Der Leser sieht nur das Bild, so als ob die Wörter durchsichtig wären. Man kann sagen, der Bildcode herrscht über dem Sprachcode vor.[6]

---

[5]Strohhund (Grashund) – wörtlich eine Hundefigur aus Gras oder Stroh, die in einem alten Opferritual verwendet wurde. Nach dem Ritual wurde „der Hund" weggeworfen– ihn behalten würde Unglück bringen. Von daher die übertragene Bedeutung der im Text verwendeten Zusammensetzung: unnötig, nutzlos.
[6]Die Frage Bildcode oder Sprachcode wird im Einzelnen untersucht in: Jean-François Lyotard. *Discourse, Figure.* University of Minnesota Press, 2011.

Anders als in westlichen poetischen Werken schließt die Haiku-Dichtung keinerlei intellektuelle Kommentare oder Mutmaßungen ein. Abstrakte Verknüpfungen fehlen. Ebenso ausschmückende Elemente. Da ist nichts als ein konkretes, der Natur entnommenes Bild, das als globale Metapher fungiert. Deshalb zeugt die Aussage des Haiku von großer Tiefe, und es besteht keine direkte Verbindung zu den Wörtern, wohingegen westliche Gedichte meistens sprachliche Netzwerke von Bedeutungen und Ideen kreieren. Bilder werden mit vielen Worten in aller Einzelheit beschrieben und dann mit einem Thema oder einer philosophischen Vorstellung verknüpft. Es ist der Mensch, der in der westlichen Poesie im Zentrum der Welt steht, Landschaften der Natur sind nur dekorative Werkzeuge, um Ideen zum Ausdruck zu bringen.

Ein sehr wichtiger Gegensatz auf dem Niveau künstlerischer Mittel ist der von Metapher gegenüber dem *Kigo*.

Wenn man die Unterschiede zwischen dem Haiku und der westlichen Poesie betrachtet, fällt auf, dass die Dichter im Westen hauptsächlich Metaphern verwenden, während Haiku-Dichter zu konkreten Bildern greifen, dargestellt in einfacher Sprache und mit besonderen, künstlerischen Mitteln, die sich aus der japanischen Sprache und Kultur ableiten.

Die Metapher im engeren literarischen Sinne wird sehr oft in der westlichen Poesie benutzt. Diese intellektuell ausgeklügelten Metaphern sind aber oft zu abstrakt und enthalten keine sinnlich konkreten Bilder. Solche Metaphern sind im Haiku unerwünscht. Stattdessen wird die Metapher häufig in einem weiteren literarischen Sinn benutzt. In diesen Fällen wird sie gewöhnlich als Allegorie oder Symbol wahrgenommen, denn die Verbindung zwischen dem konkreten Bild und dem beabsichtigten Inhalt liegt nicht auf der Hand, sodass sie verschiedene Interpretationen erlaubt, die dann zu der gewünschten Resonanz führen. Diese Anwendung der Metapher ist charakteristisch für die nonverbalen Künste, wie die Malerei, Grafik, Fotografie – ebenso für Künste, wo die Auswirkungen nicht nur oder auch hauptsächlich durch Text erreicht werden, wie das Theater oder Kino.

Ein Beispiel für diese Art von globaler Metapher liegt eben beim Gebrauch des *Kigo* vor. Es ist eine der wichtigsten Techniken des Haiku, verbunden mit dem Versuch, „viel zu sagen" im Rahmen eines einzigen, kleinen Wortes. In einem Interview mit Richard Gilbert sagte der japanische Dichter Hoshinaga Fumio[7]:

„Kigo ist ein sehr nützliches und symbolisches Sprachmittel [...] man kann sagen, dass das *Kigo* zwar nur ein Wort ist, aber dieses Wort kann Bände sprechen."

Jahreszeitenwörter kommen auch in der westlichen Poesie zur Anwendung, doch die Interpretation dieser Texte basiert dann auf einem universalen Verständnis von symbolischer Sprache bezüglich der Jahreszeiten, das von einem archetypischen Erbe herrührt. Zwischen dem östlichen, begrifflichen Grundverständnis von *Kigo* (eher mythologisch-literarisch als natürlich-jahreszeitlich) und der westlichen Einstellung gegenüber den Jahreszeiten (in allen Fällen formaler und aus der literarischen Tradition heraus) besteht eine grundsätzliche Diskrepanz. Der Hauptunterschied jedoch ergibt sich aus dem Platz, den der Mensch einnimmt, im Zentrum der Welt im Westen und nach östlichem Verständnis nur als ein Phänomen unter den zahlreichen Aspekten der Natur.

Einer der Aspekte des westlichen Anthropozentrismus ist die Verwendung der Personifikation in poetischen Werken. Sie ist im engeren Sinn eine Variante der Metapher angesichts der Tatsache, dass hier eine Bedeutungsübertragung stattfindet. Allerdings wird sie im Osten und Westen aus unterschiedlichen Gründen benutzt.

Personifikation im Westen ist eng mit dem Anthropomorphismus verknüpft, eine der zentralen Auffassungen in der westlichen Kultur. Außerdem ist die anthropomorphe Vorgehensweise im Westen wiederum ganz offensichtlich mit dem Anthropozentrismus verknüpft. Der westliche Anthropomorphismus beruht auf dem Glauben, dass es ohne menschliche Charakteristika keine vollwertige Wirklichkeit gibt.

Die Personifikation im Osten hat andere Wurzeln. Hier können wir nicht einmal von Anthropomorphismus sprechen, wenn wir dabei nur irgendeine Zuordnung menschlicher Attribute bei nicht-menschlichen

---

[7] *„The Miraculous Power of Language* (Die wundersame Macht der Sprache); *A Conversation with the Poet Hoshinaga Fumio by Richard Gilbert*", Modern Haiku, Autumn 2004, Vol. 35:3.

Objekten im Sinn haben. Die traditionelle Shinto-Religion in Japan basiert auf dem Animismus, der Weltsicht, dass nämlich nicht-menschliche Wesenheiten, wie Tiere, Pflanzen und unbelebte Objekte, eine spirituelle Essenz besitzen. Und auch nach der folgenden Definition liegt es klar auf der Hand, dass der östliche Ansatz bezüglich der Personifikation ein völlig anderer ist[8]:

Der Animismus beinhaltet den Glauben, dass es keine Trennung zwischen einer geistigen und physischen (oder materiellen) Welt gibt und dass Seelen oder Geisthaftigkeit nicht nur mit Bezug auf den Menschen existieren, sondern auch mit Bezug auf Tiere, Pflanzen, Felsen, geografische Erscheinungsformen, wie Berge oder Flüsse sowie andere Phänomene in der natürlichen Umwelt, wie Donner, Wind und Schatten.

Ja, der Animismus vermag es sogar, abstrakten Vorstellungen Seelen zuzusprechen, wie etwa Worten oder Metaphern im mythologischen Zusammenhang.

David Lanoue, Übersetzer von Issa und Erforscher seines Werks, ist der Überzeugung, dass eins der Charakteristika, weshalb Issa als unübertroffen unter all den anderen großen Gestalten in der Haiku-Tradition anzusehen ist, „seine liebevolle Warmherzigkeit gegenüber allen Lebewesen war, insbesondere Tieren, doch auch Menschen und Pflanzen"[9]. Zur Diskussion steht sodann das folgende Haiku von Issa:

does the red dawn
delight you
snail?

Dazu David Lanoue:

„Angesichts seines buddhistischen Glaubens projiziert er keine menschlichen Attribute auf die Schnecke, eine Reisegefährtin auf der Straße der Existenz. Für Issa kann auch eine Schnecke durchaus das Herz eines Dichters besitzen, das sich an den Farben des morgendlichen Himmels erfreut."

---

[8] https://en.wikipedia.org/wiki/Animism
[9] Issa's Best: a translator's selection of master haiku by Kobayashi Issa, English translation by David G. Lanoue, HaikuGuy.com, 2012, p. 10.

So ist es offensichtlich, dass man bei der Personifikation im Osten und im Westen von anderen Ursprüngen ausgeht. All dies erklärt auch, warum die Stadt im Westen als ein Symbol des Menschen und der menschlichen Gesellschaft der Natur gegenübergestellt erscheint, während es im Osten nicht zu dieser Trennung kommt. Bei Suzuki heißt es: „Die Natur lebt in uns und wir leben in der Natur."[10]

Die Trennung des Menschen von der Natur wird auch deutlich, wenn wir die unterschiedliche Behandlung der Natur durch den Menschen in Betracht ziehen. Nach dem Denkmodell, das Rolf Sprandel[11] 1972 aufgestellt hat, ist von drei Schritten bei der Wahrnehmung und Interpretation der Natur auszugehen. Beim ersten führt der Mensch Mythen, übernatürliche Wesen, göttliche Einflussnahme ins Feld, um menschliche Schwäche gegenüber der Natur zu entschuldigen. Beim zweiten betrachtet der Mensch die Natur als wild und unvorhersehbar, lebt jedoch mit ihr und kommt mit ihr zurecht, indem er technisches Wissen anwendet. Beim dritten entdeckt er die Natur als eine eigene, ästhetische Welt, dazu gemacht, um genossen zu werden. Zwei oder sogar alle drei Schritte wurden im Mittelalter nach Christian Rohr[12] oft miteinander vermischt.

Es lohnt sich, den Sonderfall der Romantik ins Auge zu fassen. Während die Aufklärung gekennzeichnet war durch zunehmenden Empirismus, wissenschaftliche Einflussnahme und Reduktionismus, zeichnete sich die Romantik durch ihre Glorifizierung der Natur aus. Es war zum Teil eine Reaktion auf die industrielle Revolution und den wissenschaftlichen Rationalismus bei der Betrachtung der Natur.

Obwohl man in der Romantik einige Berührungspunkte mit der östlichen Behandlung der Natur ausmachen kann, blieb es bei erheblichen Unterschieden in den östlichen und westlichen Poesiestilen. Während die Natur und die natürliche Landschaft die Literatur im Osten für Jahrhun-

---

[10]Suzuki, Daisetz. Zen and Japanese Culture. Princeton University Press, 1970, (цитирано по Eleventh printing, for the Mythos series, 1993, p. 351).

[11]Sprandel, Rolf. Mentalitäten und Systeme. Neue Zugänge zur mittelalterlichen Geschichte. Stuttgart, 1972.

[12]Rohr, Christian. Man and Nature in the Middle Ages, 2002, https://www.sbg.ac.at/ges/people/rohr/nsk01.pdf

derte beherrschte und östliche Dichter versuchten, das, was die Natur bot, gewissermaßen unmittelbar aufzuzeichnen, fühlten sich die englischen Romantiker verpflichtet, ihre Sinneserfahrungen mit dem Verstand zu destillieren, moralische Analogien aufzudecken und persönliche Gefühle in den Dienst menschlicher Belehrung und Besserung zu stellen.“[13]

Zahlreiche Beispiele zeugen davon, wie etwa die folgenden Verse von Percy Shelley aus seiner „Ode an den Westwind“[14]:

Oh! Heb mich hoch als Woge, Blatt, als Wolke!

Es mutet wie ein Wunsch nach Einheit mit der Natur an und ist es faktisch doch nicht. Die nächsten Verse teilen menschliche Gefühle und ein Suchen nach Analogie mit:

Ich falle auf die Dornen des Lebens! Ich verblute!

Ein lastendes Gewicht von Stunden hat gefesselt und gebeugt
Eins auch wie du: ungezähmt, geschwind und stolz.

Der Versuch nun, sich von der Poesie der Vergangenheit zu lösen, die den Natursymbolismus glorifizierte, schob dann auch das Thema des städtischen Lebens in den Vordergrund. Und so wandten die Dichter des Symbolismus ihre Aufmerksamkeit der Stadt mit ihren Parks und Denkmälern zu. Doch wieder verbanden sich die Gefühle des Menschen mit dem Leben in der Geschäftigkeit des städtischen Lebens, rücken ins Rampenlicht. Die nächsten Verse stammen aus dem Gedicht „Clair De Lune“ (Mondlicht) von Paul Verlaine[15]:

Im stillen Mondschein, traurig und schön,
Das die Vögel in den Bäumen träumen lässt
Und die Fontänen vor Ekstase schluchzen,
So rank ihre Strahlen zwischen den Marmorstatuen.

---

[13]http://www.csun.edu/~pjs44945/romanticera.pdf
[14]https://www.poets.org/poetsorg/poem/ode-west-wind
[15]http://www.poemhunter.com/poem/clair-de-lune-2/

Während die europäische Kultur anthropozentrisch ausgerichtet ist, ist die östliche Kultur eng mit dem Kosmozentrismus verbunden. In der Welt des Haiku existiert alles und genießt das Leben ohne jeglichen Anspruch, etwas Besseres als irgendwas sonst zu sein. Dies gilt auch für den Menschen, der immer nur ein Teil der ihn umgebenden Welt ist. Individueller Intellekt wird zurückgedrängt, und dafür herrscht die intuitive Vereinigung mit dem unermesslichen Intellekt von allem Existierenden vor. Das ist der Grund, weshalb das städtische Thema im Haiku im Osten wie im Westen auf eine andere Art und Weise behandelt wird. Hier noch zwei Beispiele von Kobayashi Issa:[16]

die Samurai Straße
vollkommen still
erste Morgendämmerung im Frühling

alle Fenster
schieben sich weit auf
Frühling in Edo

Auf den ersten Blick sind keine menschlichen Gefühle oder Analogien erkennbar, doch der Leser spürt die tiefe Erregung, die mit dem herannahenden Frühling verbunden ist. Er fühlt, dass die Magie des Frühlings in der Luft liegt. „Geöffnete Fenster" ist eine vielschichtige Metapher, die auf den Wunsch hinweist, sich mit der Naturwelt zu verschmelzen.

Der westliche Dichter Ezra Pound verwendete das städtische Thema in seinem recht bekannten, haikuähnlichen Poem „In einer Metro-Station"[17]:

In einer Metro-Station
Das Erscheinen dieser Gesichter in der Menge;
Blütenblätter auf einem nassen, schwarzen Zweig.

---

[16] Issa, Kobayashi. *Issa's Best: a translator's selection of master haiku*. English translation by David G. Lanoue. HaikuGuy.com.

[17] http://study.com/academy/lesson/the-imagist-movement-poems-examples-key-poets.html

Das ganze Gedicht ist im Prinzip eine Metapher. Da sind zwei Bilder: ein städtisches und ein naturbezogenes. Das Gedicht versucht, diese Bilder zu einem einzigen zu verschmelzen. Ezra Pound schuf einen fiktionalen Raum, in dem beide Umfelder, das natürliche und das städtische, koexistieren können. Wichtig ist, dass keins bedeutsamer als das andere ist. Auch ist kein lyrisches Ich vorhanden. Das Gedicht scheint vielmehr eine Beobachtung ohne Beobachter zu beschreiben, eine übliche Technik beim Haiku, die betont, dass der Autor eben nicht im Zentrum des Gedichts steht.

In der Haiku-Dichtung ist die Kultur jedoch nicht getrennt von der Natur, so wie es in dem nächsten Haiku von Klaus-Dieter Wirth veranschaulicht wird.[18]

Wie eine Binse
schwankt die Soloflötistin.
Sie spielt mit dem Wind.

Die Verschmelzung der natürlichen mit der städtischen Welt erreicht weiterhin einen starken Effekt in dem nächsten Haiku von Martin Berner[19]:

Lindenblüte
Autohupen
Lindenblüte

Das Gedicht vermittelt einen Eindruck von der Einheit der Welt, indem es die Vereinigung von Sinneswahrnehmungen zum Ausdruck bringt. Sehen, Hören und Riechen vermischen sich, sofern uns auch noch der starke Duft der Lindenblüten in den Sinn kommt.

---

[18]Wirth, Klaus-Dieter. *Zugvögel.* Hamburger Haiku Verlag, 2010.
[19]Berner, Martin. *World Haiku 2005,* No.1, Edited by Ban'ya Natsuishi, World Haiku Association. Tokyo, Shichigatsudo, 2005.

Ein Hauptfokus im östlichen Verständnis der Welt, wie im nächsten Haiku von Ōno Rinka[20] zu sehen, betrifft das Fehlen von Begrenzungslinien zwischen innen und außen, inhäusig und außerhalb, Mensch und menschlicher Umgebung in beiderlei Hinsicht, der natürlichen und der vom Menschen gemachten.

Pampasgras in der Vase
Aufleuchtend im Sonnenuntergang
So wie im freien Feld

Tagmond

der goldene Schnitt
meiner Stimmung

Haiku: Claudia Brefeld, Foto: Paul Bernhard

---

[20]Rinka, Ôno in *Classic Haiku. A Master's Selection.* Selected and translated by Yuzuru Miura, Charles E. Company, Inc. of Rutland, Vermont & Tokyo, Japan, 1991.

Eleonore Nickolay

Die Französische Ecke

GONG, die Zeitschrift der Frankofonen Haiku-Gesellschaft, widmet ihre 65. Ausgabe Insekten und anderen Kleintieren. So beschreibt Danièle Duteil anhand zahlreicher Haiku-Beispiele das emphatische Verhältnis von Kobayashi Issa (1763–1828) zu Fliegen, Mücken und sogar Läusen und Flöhen. Eleonore Nickolay resümiert das zu dem Thema besonders passende erste Kapitel des gerade in Deutsch erschienenen Haiku-Ratgebers „Schreiben wie Issa" von David G. Lanoue. Issas Mitgefühl und Identifikation mit den kleinsten und schwächsten Lebewesen im Tierreich wurzelt einerseits im Buddhismus und andererseits im äußerst tragischen Schicksal des Dichters, das geprägt war von Armut, schweren menschlichen Verlusten, Einsamkeit und Krankheit. Neben diesen unter Haiku-Kennern bekannten Tatsachen verweisen Duteil wie Lanoue unabhängig voneinander auf Issas Nähe zu uns. Duteil zieht Parallelen zwischen der buddhistischen Schule des „Reinen Land" und deren Lehre vom Karma und unserer heutigen Erkenntnis von der lebenswichtigen Bedeutung der Biodiversität und deren kausalen Zusammenhängen, die uns gerade ganz aktuell beängstigend klar werden, wenn wir das massive Verschwinden von Insekten und Singvögeln feststellen. Lanoue betont Issas Nähe zu uns sowohl als Mensch wie als Haiku-Meister. Sein persönliches Schicksal rührt uns, und seine globale Sichtweise auf die Welt und seine mitfühlende Haltung zu ihren Geschöpfen gehören für Lanoue zu den wesentlichen Voraussetzungen, um Haiku zu dichten. Jean Antonini mit seinen 15 Spinnen-Haiku und Danyel Borner mit seinem Schmetterling-Haibun runden das Thema literarisch ab.

Das Thema erfreute sich unter den Haiku-Dichtern und -Dichterinnen größter Beliebtheit, wie die Rekordzahl von 459 eingesandten Haiku belegt. Da die GONG-Redaktion einmal im Jahr eine Auswahl von zwei Haiku von jedem Autor und jeder Autorin vorsieht – es waren derer 80 –, haben wir die stattliche Zahl von 160 Haiku in dieser Ausgabe vorliegen!

à la terrasse
une guêpe
goûte ma bière

> Christine Caillou

auf der Terrasse
eine Wespe
probiert mein Bier

bientōt dix-sept heures
à la fenêtre du bureau
un papillon

> Carole Bourdages

bald siebzehn Uhr
am Bürofenster
ein Schmetterling

sur la rivière
en canot avec nous
une araignée

> France Cliche

auf dem Fluss
mit uns im Schlauchboot
eine Spinne

lucarne de toit
après l'orage l'araignée
reprise le ciel

> Gérard Dumon

Dachfenster
nach dem Gewitter
die Spinne flickt den Himmel

Méditation –
tout le monde se tait
sauf la mouche

> Alain Henry

Meditation
alle schweigen
nur die Fliege nicht

kermesse de l'école
dans le public
quelques poux

> Monique Junchat

Schulfest
im Publikum
ein paar Läuse

petite balade
plus bavard que les grillons
mon petit-fils

> Christian Laballery

kleiner Spaziergang
noch schwatzhafter als die Grillen
mein Enkel

sixième étage	Sechste Etage
la mouche aussi	auch die Fliege
a pris l'ascenseur	nahm den Aufzug

  Philippe Macé

grève RATP	S-Bahn-Streik
sur les traverses un moineau	auf den Schwellen spielt
joue à la marelle	ein Spatz Himmel und Hölle

  Yves Ribot

Douche –	Dusche –
Le scorpion m'invite	Der Skorpion lädt mich ein
à danser	zum Tanz

  Valérie Rivoallon

lézard contre le mur	Eidechse an der Mauer
dans ses yeux –	in ihren Augen –
la nuit des temps	die Vorzeit

  Zlatka Timenova

piste cyclable	Radweg
un escargot – d'un coup de pied	eine Schnecke – mit einem Fußtritt
lui sauver la vie	ihr das Leben retten

  Louise Vachon

Wie jedes Jahr im Oktober gibt es für die Abonnenten von GONG die Haiku-Wettbewerb-Sonderausgabe. In diesem Jahr konnten neben dem freien Thema drei Haiku zum Thema „Haus" eingesandt werden. Hier die Sieger-Haiku:

1. Platz

soleil de printemps	Frühlingssonne
dans la chambre d'enfant vide	im leeren Kinderzimmer
le jeu des ombres	das Spiel der Schatten

  Eléonore Nickolay

2. Platz

confitures « maison »
sur ma langue le goût
de l'été qui s'en va

    Hélène Duc

hausgemachte Konfitüre
auf meiner Zunge der Geschmack
des Sommers, der geht

3. Platz

maison sur pilotis –
jusqu'au bout de la nuit
des ricochets de lune

    Rose DeSables

Haus auf Pfählen –
bis zum Ende der Nacht
das Hüpfen des Mondes

Freies Thema:

1. Platz

marée de printemps
ma solitude lentement
change d'odeur

    Hélène Duc

Frühlingsgezeiten
meine Einsamkeit wechselt langsam
den Geruch

2. Platz

Lune d'équinoxe –
dans les yeux du vieil homme
une envie d'ailleurs

    Sandrine Waronski

Äquinoktium-Mond
in den Augen des alten Mannes
Lust auf ein Woanders

3. Platz

long jour d'été
la nuit tarde à éteindre
les enfants

    Gérard Dumon

langer Sommertag
die Nacht zögert
die Kinder auszuknipsen

Eleonore Nickolay

Danièle Duteil
Porträt der französischen Haiku-, Tanka- und Haibun-Dichterin

Donnerstagnachmittag, 10. Oktober 2019, Bahnhof Paris Montparnasse: Ich sitze im TGV nach Auray in der Bretagne. Dort erwartet mich Danièle Duteil, die mich in ihr Haus in Locoal-Mendon eingeladen hat.

Meine erste Begegnung mit Danièle fällt in die Zeit, als ich in Sachen Haiku noch in den Kinderschuhen steckte und zum ersten Mal im November 2013 in Paris an einer Mitgliederversammlung der Frankofonen Haiku-Gesellschaft (AFH) und dem anschließenden Kukai teilnahm. Da hatte Danièle schon einen beachtlichen Weg in der Haiku-Welt zurückgelegt, etliche Preise gewonnen, Bücher geschrieben und mitherausgegeben, Verantwortung in Vereinen übernommen, Vereine und Zeitschriften gegründet: 2007 Schriftführerin der AFH, später deren stellvertretende Vorsitzende, Redakteurin von GONG, 2011 Mitbegründerin des Haibun-Vereins „L'étroit Chemin – Association Francophone des Auteurs de Haïbun" (AFAH) und des dazugehörigen Online-Magazins „l'Écho de l'étroit chemin". Von 2007 bis 2011 veröffentlichte sie in sieben Anthologien Haiku, Tanka und Haibun. Von 2008 bis 2013 erschienen fünf eigene, zum Teil mit einem Co-Autor oder einer Co-Autorin geschriebene Haiku-Bücher. Mit ihrem Haiku-Band „Ecouter les heures" gewann sie 2013 den französischen Haiku-Buchpreis.

Die Verbundenheit mit ihrer Heimat, der Bretagne – Danièle ist auf der Insel Ré geboren – spricht aus vielen ihrer Dichtungen, wie zum Beispiel in „Ecouter les heures":

les volets repeints
selon la dernière mode
clos neuf mois sur douze

neugestrichene Fensterläden
nach der letzten Mode
neun von zwölf Monaten geschlossen

Von 2007 bis 2013 beteiligte sie sich erfolgreich an diversen Haiku-Wettbewerben:

vacances —
un touriste a porté plainte
contre le coq d'à côté

Ferien —
ein Tourist legte Beschwerde ein
gegen den Hahn von nebenan

2. Platz AFH-Haiku-Wettbewerb 2007
Kategorie „Senryu"

myosotis en fleur —
un papillon plie et déplie
le silence

blühendes Vergissmeinnicht
ein Schmetterling faltet und entfaltet
die Stille

3. Platz Haiku-Wettbewerb „JEF Calli-graphie" 2009

nuit d'août
une étoile tire un trait
jusqu'à la mer

August-Nacht
ein Stern zieht einen Strich
bis ins Meer

1. Platz AFH-Haiku-Wettbewerb 2009

2010 gewann sie den dritten Preis im Haiku-Wettbewerb der japanischen Botschaft in Dakar. Im selben Jahr und in den beiden darauffolgenden wurden beim „Mainichi Haiku Contest" drei ihrer Haiku mit einer „Mention honorable" ausgezeichnet:

nuit de brouillard
après le passage du train
l'épaisseur du silence

Nebelnacht
nach der Vorbeifahrt des Zuges
die dichte Stille

jours de séisme
seule photo sur son blog
cerisiers en fleur

Erdbebentage
das einzige Foto auf ihrem Blog
blühende Kirschbäume

solstice d'été	Sommersonnenwende
pendant la sieste un oiseau	während des Mittagschlafs starb
est mort sur mon seuil	ein Vogel an meiner Türschwelle

2012 wurde ihr eine besondere Ehre zuteil, als sie auf die Insel Shikoku zu einer einwöchigen Rundreise zum Haiku-Dichten und zu Begegnungen mit japanischen Haiku-Dichtern eingeladen wurde.

Als ich 2014 schon selbst ein wenig Fuß gefasst hatte in der französischen Haiku-Welt, erlebte ich Danièle als souveräne Organisatorin des AFH-Haiku-Festivals in Vannes, einer malerischen Hafenstadt in der Bretagne. Dort gründete sie auch eine Haiku-Werkstatt, aus der inzwischen eine Kukai-Gruppe hervorgegangen ist. 2014 erschien ein weiteres Buch von ihr „Au bord de nulle part", mit Haiku, Senryu und Tanka, wiederum sehr geprägt von ihren Naturbeobachtungen in ihrer bretonischen Heimat und illustriert von Ion Codescu, dessen Haiga auch in Frankreich sehr geschätzt werden.

un bateau s'éloigne –	ein Schiff entfernt sich –
ils ne laissent aucune traces	sie hinterlassen keine Spuren
mes pas sur la plage	meine Schritte am Strand

la lande à perte de vue –	unendliche Heide –
soudain le ciel	plötzlich lässt der Himmel
lâche un oiseau	einen Vogel frei

Seit den letzten Jahren setzt sich Danièle zunehmend für die Förderung frankofoner Haiku-Dichter und -Dichterinnen ein, indem sie über ihre Facebook-Gruppen zum Haiku-Schreiben zu einem bestimmten Thema aufruft und Anthologien herausgibt. Dazu muss man wissen, dass es in Frankreich einerseits mehrere sehr kreative Haiku-Facebook-Gruppen gibt und anderseits, insbesondere in Paris, kleine Verlagshäuser, die Haiku-Bücher auf eigenes finanzielles Risiko, also ohne jede finanzielle Selbstbeteiligung der Autoren/-innen, verlegen.

So kamen auf Danièles Initiative und unter ihrer Leitung schon drei themenbezogene Anthologien heraus: 2016 „Haikus de la corde à linge", Haiku, in denen sich alles um die Wäscheleine dreht.

à chaque bourrasque	bei jedem Windstoß
le vieux jean enjambe	springt die alte Jeans
la corde à linge	über die Wäscheleine

2017 erschien „Secret de femmes", eine ausschließlich von Frauen geschriebene Haiku-Sammlung. Aus 646 Einsendungen wählte Danièle Haiku von 127 frankofonen Autorinnen! Ein erstaunliches Buch, das es wert ist, an anderer Stelle ausführlicher vorgestellt zu werden.

cahier d'écolière	Schulheft
son nom de jeune fille	ihr Mädchenname
jauni par le temps	vergilbt von der Zeit

Im selben Jahr schaffte sie es, auch noch eine Anthologie mit Senryu herauszubringen: „L'or du rein."

salle de congrès	Kongresssaal
pour tout public une armée	einziges Publikum eine Armee
de crânes chauves	von Glatzen

Wenn es den Begriff „haikaholic" gäbe, auf Danièle würde er zutreffen. Neben ihren zahlreichen persönlichen Projekten um Haiku, Tanka und Haibun, von denen sie immer mehrere gleichzeitig in Arbeit hat, schlägt sie auch Bitten um Artikel, Haiku-Workshops, Buchbesprechungen, Vorworte und Vorträge nicht aus.

So ist auch die erste Frage, die mir auf den Lippen brennt, als ich in Auray ankomme, wie sie das alles schaffe. „Ich schlafe sehr wenig und schreibe sehr schnell", ist ihre Antwort.

Nach zwanzig Minuten Autofahrt erreichen wir ihr Haus, das letzte auf einem kurzen Seitenweg, der vor einem Kiefernwäldchen endet. Danièles Mann, Michel, erwartet uns mit einer leckeren Gemüse-Quiche. Natürlich wird gefachsimpelt. Michel schreibt auch Haiku, ebenso wie die Tochter Cécile, die auch als Illustratorin für Haiku-Bücher tätig ist. Ich frage nach dem Stand der Dinge zwei neuer Projekte. „Alles in trockenen Tüchern", ist Danièles strahlende Antwort. Das Manuskript einer neuen Anthologie mit dem Thema „Geburt und Wiedergeburt – Anfang und Neuanfang", sowie ihre Haiku-Auswahl für einen immerwährenden Kalender liegen schon bei der Verlegerin Brigitte Peltier in Paris.

Bevor es am nächsten Tag zum Kukai in Vannes geht, das einmal im Monat an einem Freitag in dem urigen kleinen Restaurant „Bägel-Ouest" stattfindet, möchte mir Michel noch die unmittelbare Umgebung zeigen. Nach knapp zwei Minuten Fußweg stehen wir an einem kleinen Strand. Ein paar bunte Boote der Anrainer liegen dort. Es herrscht gerade Ebbe, es riecht etwas modrig nach Meer. Ihr Haus befindet sich also direkt an dem zwischen Lorient und Vannes gelegenen Binnenmeer Ria Etel. Mit seinen Moorlandschaften, Austernzuchten, naturbelassenen Stränden und zauberhaften kleinen Buchten wird die Region zu Recht als Postkartenidylle gepriesen. Das bizarre, von winzigen Inseln und Halbinseln zerstückelte und durch die Gezeiten ständig wechselnde Landschaftsbild ist für eine Haiku-Dichterin wahrlich eine unerschöpfliche Quelle der Inspiration! Und beinahe vergaß ich zu erwähnen, dass Danièle auch Haiga kreiert!

ciel de pluie
sa côte cassée
la rappelle à l'ordre

Danièle Duteil

Regen-Himmel
ihre gebrochene Rippe
ruft sie zur Ordnung

le vent sans relâche –
jusque sur mon oreiller
le bruit des vagues

pausenlos Wind –
bis auf mein Kopfkissen
der Lärm der Wellen

brumes de décembre	Dezembernebel
un vol d'échassiers	ein Schwarm Stelzvögel
se perd	verirrt sich
marée basse	Ebbe
je marche	ich gehe
sur les yeux des palourdes	auf den Augen der Venusmuscheln

(Aus „Au bord de nulle part")

Am nächsten Morgen darf ich mich selbst von der Landschaft inspirieren lassen, als Michel mir die pittoreske Halbinsel Cado zeigt. Wiederum ist Ebbe und sie lockt jedes Mal eine Vielfalt von Wasservögeln an. Ich kann sie ausgiebig fotografieren, denn Danièle hat uns versichert, dass wir uns Zeit lassen dürfen. Vor ihrer Abreise am Sonntag nach Paris, wo sie ein neues Tanka-Buch vorstellen wird, hat sie noch eine Menge zu tun. Vielleicht möchte sie auch schon den Bericht vom gestrigen Kukai schreiben. Die acht Teilnehmer/-innen durften je drei Haiku zum Thema „Licht-Variationen" vorschlagen, und alle Haiku, die eine oder mehrere Stimmen erhielten, wird Danièle abtippen und auf Facebook posten.

Als Michel und ich zurückkommen, schneidet sie gerade Äpfel in Scheiben.

Wir wären nicht in Frankreich, wenn das Wochenende nicht von einer köstlichen Mahlzeit gekrönt würde. Der Fang der Jakobsmuscheln wurde just diese Woche eröffnet. So gibt es mittags vor meiner Abreise die „Königin der Bretagne" mit in Vanillezucker und Zimt gedünsteten Apfelscheiben als Beilage. Da kommt mir eins ihrer Haiku in den Sinn, das die zwei Tage bei den Duteils wunderbar zusammenfasst:

un peu de cannelle	ein wenig Zimt
sur les rondelles de pomme	auf den Apfelscheiben
– des projets en tête	– Pläne im Kopf

Thomas Opfermann

Das Haiku ist tot!? Eine gattungsgeschichtliche Betrachtung des deutschen Haiku

Teil 1 – Die Entwicklung des deutschsprachigen Haiku bis heute

Betrachtet man die Diskussion der letzten Jahre – geführt in Haiku-Zeitschriften, -Foren, Publikationen jeglicher Art –, so ist festzustellen, dass das Haiku gefühltermaßen in großer Gefahr schwebt, bereits krankt oder gar dem Untergang geweiht ist.[1] Besteht diese Gefahr tatsächlich? Oder ist das deutsche Haiku gar tot? Diese Fragestellung wird seit Jahren (bereits auf der ersten Haiku-Bienale 1979!) mitunter sehr kontrovers und bisweilen auch emotional geführt.[2] Ich möchte dies zum Anlass nehmen, diese Fragestellung aus der literaturwissenschaftlichen Sicht zu beleuchten. Im ersten Teil werden wir uns einen Überblick über die geschichtliche Entwicklung des deutschsprachigen Haiku verschaffen, um im zweiten Teil diese aus Sicht der Gattungstheorie zu analysieren und die aktuelle Situation des Haiku einzuordnen.

Das Haiku schaut – werfen wir einen Blick auf das Mutterland Japan – auf eine mehrere Jahrhunderte alte Tradition zurück. Zwar wird streng genommen erst ab Shiki (1867–1902) vom „Haiku" gesprochen[3] – Bashō etablierte das Haiku als eigenständige literarische Gattung[4] zu Beginn des 16. Jahrhunderts unter der Bezeichnung „Haikai (no Renga)"[5]–, doch lassen sich die Wurzeln bis zum Jahr 760 zurückverfolgen, sofern man die von einem separaten Autor verfasste Oberstrophe eines Tanka als Vorläufer des Haiku berücksichtigen möchte.[6]

---

[1] Vgl. Klaus-Dieter Wirth: Das Haiku am Scheideweg. In: Sommergras 101 (2013), S. 14.

[2] Vgl. Sabine Sommerkamp: Die deutschsprachige Haiku-Dichtung. Von den Anfängen bis zur Gegenwart. In: Deutsch-Japanische Begegnung in Kurzgedichten. Hg. von Tadao Araki. München: Iudicium-Verlag 1992, S. 86ff.

[3] Vgl. Rudolf Thiem: Haiku-Anfänge und -Entwicklungen in Japan. URL: https://www.deutschehaikugesellschaft.de/files_doc/28-Thiem.pdf [16.07.2019].

[4] Vgl. Gerolf Coudenhove: Japanische Jahreszeiten. Tanka und Haiku aus dreizehn Jahrhunderten. Zürich: Manesse Verlag 1963, S. 388.

[5] Vgl. Thiem: Haiku-Anfänge und -Entwicklungen in Japan.

[6] Vgl. Nao Witting: Haiku: In: Reallexikon der deutschen Literaturwissenschaft. Hg. von Klaus

Erste deutschsprachige Haiku

Japanische Literatur war bis zur Mitte des 19. Jahrhunderts aufgrund der strikten Abschottung Japans gänzlich unbekannt.[7] Erst um 1900 fand die japanische Kunst allgemein – teils über den Umweg über „Frankreich" – in Deutschland Anerkennung. Es mehrten sich langsam die Übersetzungen der Japanologen, doch erreichten diese nur ein geringes Publikum.[8] Das Hauptaugenmerk bei der Erschließung japanischer Dichtung lag dabei zunächst auf altjapanischer Lyrik und dem Tanka: „Das Haiku wurde für das Deutsche erst nach 1900 richtig erschlossen"[9]. Vorreiter war 1894 Carl Florenz mit „Dichtergrüße aus dem Osten", wobei die Haiku als Vierzeiler(!) wiedergegeben wurden.[10] Generell lässt sich für die Zeit der ersten Übersetzungen bzw. Nachdichtungen konstatieren, dass die Gelehrten keine Dichter waren und ihre Nachdichtungsversuche in der Regel misslangen[11] und nicht selten einer unfreiwilligen Komik unterlagen.[12]

Erste eigenständige deutschsprachige Haiku (wenn auch nicht explizit so benannt) finden sich in der 1898 erschienenen Gedichtsammlung „Polymeter" von Paul Ernst.[13] Dreizeilige Gedichte, die dem inhaltlich nahekommen, wurden in dieser Zeit u. a. von Alfred Mombert und Arno Holz verfasst.[14]

In den 1920er-Jahren wurden erstmals Texte verfasst, die ausdrücklich die Bezeichnung Hai-Kai trugen. Exemplarisch sei Rainer Maria Rilke genannt, der 1920 in einem Brief an Gudi Nölke ein Hai-Kai verfasst hat[15] („Kleine Motten taumeln schaudernd quer aus dem Buchs//; sie sterben heute Abend und werden nie wissen//, daß es nicht Frühling war.//"[16])

Weimar Bd. 2. Berlin: de Gruyter 2010, S. 4.

[7] Ingrid Schuster: China und Japan in der deutschen Literatur 1890–1925. Bern und München: Francke 1977, S. 9.

[8] Ebd., S. 43 f.

[9] Herbert Fussy: Zur Geschichte des deutschen Haiku. In: Apropos (1983). H. 1, S. 56.

[10] Vgl. ebd., S. 57.

[11] Schuster: China und Japan in der deutschen Literatur 1890–1925, S. 44.

[12] Ebd., S. 58.

[13] Fussy: Zur Geschichte des deutschen Haiku, S. 53.

[14] Vgl. ebd.

[15] Vgl. Sommerkamp: Die deutschsprachige Haiku-Dichtung, S. 79.

[16] Rainer Maria Rilke: Sämtliche Werke. Zweiter Band. Wiesbaden: Insel-Verlag 1956, S. 245.

sowie Ivan Goll, der 1926 „Zwölf Hai-Kai´s der Liebe"[17] veröffentlicht. Rilkes Hai-Kai erfüllt die formalen Aspekte des Haiku nicht, und auch bei Goll erfüllt nur eines der zwölf Hai-Kai die 5-7-5-Regel („Totenkopf des Monds:// Giftzeichen für Liebende// Die Nachtwind trinken!//"[18]). Knappheit in der Formulierung war zwar die Herausforderung, „formelle Regeln für Haiku wurden dabei sehr oft vergessen[…]"[19].

Generell ist in dieser Zeit ein unreflektierter Gebrauch des Haiku sowie seiner formalen und inhaltlichen Charakteristika festzustellen. So spricht Klabund bei folgendem Gedicht von einem chinesischen Gedicht, welches die Japaner Hokku nennen.

„Du liebst den Henker.// Täglich ermordet er dich.// Ewig fließt dein Blut.// Du aber lächelst."[20]

Von der formalen Ausprägung (vier Zeilen, Silbenzahl abweichend von 5-7-5) ist das Haiku weder ein chinesisches Gedicht, noch ist die Bezeichnung Hokku zutreffend – als Hokku werden die ersten drei Zeilen des Tanka bezeichnet.[21]

Das Haiku während der NS-Zeit

Von einzelnen Bashō-Texten abgesehen, die in der Fachjapanologie Anfang der 1930er-Jahre Beachtung finden, stagniert die Verbreitung japanischer Lyrik mit Publikation der Anthologie ‚Die Seele Japans‘ durch Ludwig Harald Schütz im Jahre 1929.[22] Generell steht die Literatur in der Zeit von 1933–1945 „im politischen Kontext der sog. ‚Achse Berlin – Rom – Tōkyō‘."[23] Deutlich wird der Einfluss des NS-Regimes z. B. in der

---

[17] Ivan Goll: Hai-Kai. In: Die literarische Welt 2 (1926). H. 46, S. 3.

[18] Ebd.

[19] Yûji Nawata: Wasser und Wolken ziehen wie immer dahin. In: Lob des Taifuns. Reisetagebücher in Haiku. Hg. von Durs Grünbein. Frankfurt am Main und Leipzig: Insel Verlag 2008, S. 113f

[20] Schuster: China und Japan in der deutschen Literatur 1890–1925, S. 51.

[21] Vgl. Deutsche Haiku-Gesellschaft: Grundbegriffe. URL: https://deutschehaikugesellschaft.de/haikulexikon/grundbegriffe/ [04.08.2019].

[22] Vgl. Andreas Wittbrodt: Hototogisu ist keine Nachtigall. Traditionelle japanische Gedichtformen in der deutschsprachigen Lyrik (1849–1999). Göttingen: V&R unipress 2005, S. 77.

[23] Ebd., S. 79.

Konzeption von Paul Lüths Anthologie „Frühling Schwerter Frauen"[24]. Die durch den Reimzwang sinnverfremdeten Übertragungen erinnern eher an Ritornelle als an Haiku. Es finden Begriffe wie „Brandfackeln", „Opfern" und „Endsieg" Verwendung[25], „unzweifelhaft bekundet Lüth dabei seine politische ‚Gesinnung'."[26]

„Die japanische Lyrik stand während der Jahre 1933 bis 1945 jedoch nicht allein im Dienst der NS-Propaganda, sie hatte vielmehr auch, in Gestalt der erstmals 1939 publizierten Anthologie ‚Ihr gelben Chrysanthemen!' Anna von Rottauschers […] Teil an der Literatur der Inneren Emigration."[27] Diese beinhaltet ausschließlich Übersetzungen[28] (thematisch der Naturlyrik zuzuordnen, ein typisches Themenfeld innerhalb der Inneren Emigration als Distanznahme gegenüber dem diktatorischen Herrschaftssystem[29]), eigene Haiku wurden 1939 z. B. von Robert Joseph Koc verfasst.[30]

Die Übertragungen Rottauschers stellen einen wichtigen Schritt in der Entwicklung des deutschen Haiku dar.[31] Ihre Bedeutung „erkennt man an der ersten Sammlung mit deutschen Haiku überhaupt, Karl Kleinschmidts ‚Der schmale Weg' von 1953, sowie an den meistgelesenen deutschen Haiku, jenen von Imma von Bodmershof."[32].

Zum einen unterstreicht die erstmalig ausschließliche Publikation von Haiku die Eigenständigkeit gegenüber dem Tanka, zum anderen findet zum ersten Mal im deutschen Sprachraum das Anordnungsprinzip der Jahreszeitenfolge japanischer Gedichtanthologien Anwendung[33], „man findet je ein Kapitel ‚Frühling', ‚Sommer', ‚Herbst' und ‚Winter'."[34] „Die

---

24 Vgl. ebd., S. 82.
25 Vgl. ebd., S. 79ff.
26 Ebd., S. 84.
27 Ebd., S. 85.
28 Ebd.
29 Vgl. Ralf Schnell: Innere Emigration: In: Reallexikon der deutschen Literaturwissenschaft. Hg. von Klaus Weimar Bd. 2. Berlin: de Gruyter 2010, S. 146f.
30 Vgl. Fussy: Zur Geschichte des deutschen Haiku, S. 55.
31 Vgl. ebd., S. 58.
32 Ebd.
33 Vgl. Wittbrodt: Hototogisu ist keine Nachtigall, S. 85.
34 Ebd.

Zahl der Silben [...] bewegt sich zwischen neun [...] und weit über 20"[35], dennoch werden die Gedichte in ihrem Zusammenhang als Haiku wahrgenommen.[36]

„1939 besuchte Robert Joseph Koc [...] Japan und schrieb dort einige einfühlsame Haiku [...], die die japanische Landschaft einfangen."[37] und Jahreszeiten zum Inhalt haben.[38] Formal orientierte sich Koc dabei erstmals ausschließlich an der 5-7-5-Form.[39] Auf Grund der erst 1975 erfolgten Publikation ist ein direkter Einfluss auf die deutsche Haiku-Literatur nicht gegeben[40].

Eigenständigkeit des deutschsprachigen Haiku (1945–1979)

„Im Rahmen der intensiven Übersetzungstätigkeit, die nach dem Ende des II. Weltkriegs als Reaktion auf die vorausgegangene gesellschaftliche und kulturelle Abschottung Deutschlands einsetzte, entstanden auch einige Anthologien mit Übertragungen japanischer Lyrik."[41], die den „Japonismus der Vorkriegszeit" fortsetzten.[42] Eine Zäsur bei den Übertragungen ist 1952 festzustellen; ab diesem Zeitpunkt wird der Japonismus nicht, „wiewohl er in bestimmten Fällen gleichsam ‚atmosphärisch' weiterwirkt, noch einmal zum dominierenden Faktor"[43]. 1953 wird von Karl Kleinschmidt erstmals ein deutschsprachiger Haiku-Band veröffentlicht[44], seine „Gedichte sind [...] durchweg allein auf die Fauna und Flora der österreichischen Natur bezogen."[45] „Er erfüllt nicht die Versvorgabe des klassischen Siebzehnsilbenmusters (5/7/5), sondern hält sich formal und

---

[35] Ebd.

[36] Vgl. ebd.

[37] Fussy: Zur Geschichte des deutschen Haiku, S. 55.

[38] Vgl. Margret Buerschaper: Das deutsche Kurzgedicht in der Tradition japanischer Gedichtformen. Göttingen: Graphikum Dr. Mock Nachf. A.H. Kurz 1987, S. 96.

[39] Vgl. Hachirō Sakanishi: Form und innere Spannung der Haiku-Dichtung. In: Deutsch-Japanische Begegnung in Kurzgedichten. Hg. von Tadao Araki. München: Iudicium-Verlag 1992, S. 59.

[40] Vgl. Wittbrodt: Hototogisu ist keine Nachtigall, S. 134.

[41] Ebd., S. 98.

[42] Vgl. ebd., S. 99.

[43] Ebd., S. 111.

[44] Vgl. Nawata: Wasser und Wolken ziehen wie immer dahin, S. 114.

[45] Wittbrodt: Hototogisu ist keine Nachtigall, S. 202.

inhaltlich stark an seine ‚Haiku-Quelle‘, die Übersetzungen Anna von Rottauschers.“[46]

Auch „Imma von Bodmershofs ab 1962 veröffentlichten Haiku-Bände trugen viel dazu bei, die Gattung des deutschen Haiku zu etablieren.“[47] Ihre Haiku lassen sich teils als Prototyp für das Haiku bezeichnen, so z. B. dieses:

„Schau mitten im Ei// klein und gelb eine Sonne –// wie kam sie hinein?“[48]

„Es hält sich an das Silbenschema 5-7-5 und nennt als Jahreszeitenwort das Ei, das mit Ostern (dem Fest der Auferstehung Christi) assoziiert wird. Das heißt, es steht für den Frühling.“[49], die Bildsprache löst sich hiermit von traditionellen japanischen Begriffen.

„Vergleicht man Bodmershofs Haiku mit den Übersetzungen in der Anthologie von Rottauscher, auf deren Vorbild sie im wesentlichen zurückgehen, […] hat sich Bodmershof […] in sprachstilistischer Hinsicht an Rottauschers Vorbild orientiert. Nennenswerte Unterschiede zwischen den Gedichten werden allein auf der Ebene der Form sichtbar. Folgen auch nicht alle Gedichte in „Haiku“ strikt dem schulgerechten Muster ‚5-7-5‘, so bildet es doch deren ‚formale Grundlage.‘“[50] „Im Zuge ihrer eingehenden Haiku-Studien überarbeitet sie später auch die längeren Dreizeiler dieser Sammlung.“[51]

Dabei verkürzt sie ihr Haiku mit dem Silbenschema 7-9-5 „Löwenzahn – Spielverderber // da alles kaum blüht bläst er Samen // Herbst in das Frühjahr.“[52] auf die „Quasi-Norm des Haiku“[53], ohne dabei den Sinngehalt zu verändern: „Löwenzahn-Wölkchen – //alles blüht – er bläst Samen: // Herbst in das Frühjahr.“[54]

[46] Sommerkamp: Die deutschsprachige Haiku-Dichtung, S. 84.
[47] Nawata: Wasser und Wolken ziehen wie immer dahin, S. 114.
[48] Imma v. Bodmershof: Haiku. München: Albert Langen Georg Müller Verlag 1962, S. 14.
[49] Kenji Takeda: Über die Haiku-Dichtung in Deutschland. In: Sommergras 100 (2013), S. 56.
[50] Wittbrodt: Hototogisu ist keine Nachtigall, S. 210f.
[51] Sommerkamp: Die deutschsprachige Haiku-Dichtung, S. 85.
[52] Bodmershof: Haiku, S. 26.
[53] Wittbrodt: Hototogisu ist keine Nachtigall, S. 211.
[54] Imma v. Bodmershof: Sonnenuhr. Haiku. Bad Goisern: Neugebauer Press 1970, S. 15.

Neben der besonderen Bedeutung des Formalen sind es „fünf Grund-
prinzipien, nach denen sich ihre Haiku zusammensetzen [...]: (1) Bild, (2)
zwei gegensätzliche Pole, (3) Bewegung, (4) Symbol und (5) Bedeutung."[55]

Im gleichen Zeitraum, in dem sich das Haiku in Deutschland und Ös-
terreich entwickelte, gab es ähnliche Tendenzen in der deutschsprachigen
Schweiz. Von besonderer Bedeutung ist dabei Flandrina von Salis, die „zu
den Pionieren der Haiku-Dichtung in deutscher Sprache"[56] gehört.

Sie war die erste deutschsprachige Autorin, die ein Buch ausschließlich
mit Haiku veröffentlichte.[57] Ihre Sammlung folgt dem Muster Rottau-
schers insofern, als sie der Jahreszeitenfolge angelehnt ist.[58] Abweichend
„hat sie sich jedoch weitgehend an die ‚5-7-5'-Form des japanischen Haiku
gehalten."[59] Wie der Untertitel ihres Buchs andeutet, handelt es sich um
„Abendländische Haiku"[60], d. h. sie verwendet z. B. mit der Rose[61] ein
Motiv, welches in der traditionellen japanischen Haiku-Lyrik unbekannt
ist.[62] Zur Eigenständigkeit des deutsprachigen Haiku trägt bei, dass sie
sich, unabhängig vom japanischen Vorbild, eigener Quellen – z. B. der
griechischen Mythologie – bedient[63]:

„Reifendes Kornfeld // In heisser Mittagssonne, // – Die Stunde
des Pan."[64]

---

[55] Sakanishi: Form und innere Spannung der Haiku-Dichtung, S. 62.
[56] Rüdiger Jung: Das Dreigestirn des Bündner Haiku: Leonie Patt, Flandrina von Salis und Heinrich
Reinhardt. URL: https://www.e-periodica.ch/cntmng?pid=bjb-002:2009:51:81 [21.07.2019].
[57] Vgl. Wittbrodt: Hototogisu ist keine Nachtigall, S. 204.
[58] Vgl. ebd., S. 205.
[59] Ebd.
[60] Flandrina von Salis: Mohnblüten. Abendländische Haiku. Olten: Vereinigung Oltner Bücher-
freunde 1955, unpag. Titelblatt.
[61] Vgl. ebd., S. 32.
[62] Vgl. Wittbrodt: Hototogisu ist keine Nachtigall, S. 205.
[63] Vgl. Jung: Das Dreigestirn des Bündner Haiku: Leonie Patt, Flandrina von Salis und Heinrich
Reinhardt.
[64] Salis: Mohnblüten, S. 32.

Die Entwicklung des deutschsprachigen Haiku 1979–2019

Galt das Haiku in der 1950er-Jahren „noch als Geheimwerkstatt für wenige weltenbummelnde Sprachtüftler"[65], so nehmen die Veröffentlichungen in den 1960er-Jahren dann sprunghaft zu.[66]

Mit Zunahme der Veröffentlichungen verbreitete sich das Spektrum an poetologischen Grundpositionen und Sichtweisen, was grundsätzliche Regeln, Verbindlichkeitscharakter und Adaptionsmöglichkeiten betrifft. Erstmals wurde dies 1979 unter Haiku-Autoren auf der „Ersten bundesdeutschen Haiku-Bienale" diskutiert.[67] Die diskutierten Positionen (Imitation des Dreizeilers, neue Kurzform als poetisch gestalteter Aphorismus, keine grundsätzlichen Regeln bzw. formale Adaption)[68] sind im Hinblick auf eine traditionalistische oder moderne Auslegung des Haiku nach wie vor aktuell und werden im Folgenden näher betrachtet.

Hinsichtlich des gedanklichen Austauschs und der Weiterentwicklung des klassischen Haiku war sowohl die Gründung der nationalen Haiku-Gesellschaften – Deutsche Haiku-Gesellschaft (DHG, gegründet 1988) und Österreichische Haiku-Gesellschaft (ÖHG, gegründet 2010) als auch „die rasante Verbreitung des Internets Mitte, Ende der 1990er-Jahre, die neue Studien-Quellen und Kommunikationsmöglichkeiten weltweit erschloss"[69], förderlich.

---

[65] Neue Züricher Zeitung: Haiku-Stille. URL: https://www.nzz.ch/haiku-stille-1.11765546 [21.07.2019].
[66] Vgl. Fussy: Zur Geschichte des deutschen Haiku, S. 56.
[67] Vgl. Sommerkamp: Die deutschsprachige Haiku-Dichtung, S. 86ff.
[68] Vgl. ebd., S. 87f.
[69] Vgl. Dietmar Tauchner: Gedanken zum Gendai-Haiku in deutscher Sprache. In: Lotosblüte (2014), S. 29.

Der modernistische Ansatz (Gendai-Haiku)

„Eine generelle Unterscheidung in traditionell ausgerichtete Haiku und in moderne Haiku ist nicht mit einer Aufgliederung in 17-Silber und unregelmäßige Haiku identisch. Die Frage modern oder traditionell richtet sich allein nach inhaltlichen Kriterien."[70] Dem traditionellen Haiku-Verständnis stehen „die krampfhafte Aufwertung von Banalitäten, der Hang zum Minimalismus, das übertriebene Bemühen um Originalität, die Zuflucht zu surrealistischer Montage und das Nebeneinanderstellen auch sonst kaum verknüpfbarer Sachverhalte entgegen.[71]

„Auch in Japan ersetzt im *gendai*, dem modernen Haiku, der Bezug zur Lebenswelt im Allgemeinen den zur reinen Natur."[72] Neben den traditionellen Themenkreisen wie Naturphänomene und Landschaft finden sich nun Gedichte zu Politik, Arbeitswelt, Freizeit, Sport, zwischenmenschlichen Beziehungen, Krankheit und Tod.[73]

„Das moderne Haiku ist gekennzeichnet durch verschlüsselte, metaphernreiche Sprache, unkonventionelle Bilder, thematische Ungebundenheit, besondere Effekte und Experimente."[74] „Zwei Merkmale charakterisieren das […] moderne deutschsprachige Haiku: die Abkehr vom Silbenmuster 5-7-5 und der nicht mehr notwendige Naturbezug oder der Gebrauch eines Jahreszeitenwortes."[75] Weitere Entwicklungen sind die Erweiterung um das Themenfeld Politik, z. B. „18 Haiku gegen Retrofaschisten"[76], Franz Dodels formale Variante eines Endlos-Haiku, welches täglich erweitert wird[77] und neue Wege der Rezeption, z. B. durch Abdruck eines QR-Codes neben der reinen Textform, so dass sich diese

---

[70] Fussy: Zur Geschichte des deutschen Haiku, S. 56.

[71] Vgl. Wirth: Das Haiku am Scheideweg, S. 14.

[72] Traude Veran: Was ist denn jetzt wirklich ein Haiku?. In: Lotosblüte (2014), S. 26.

[73] Vgl. Jörg Quenzer: Die Geburtsstunde des modernen Haiku in Japan: Erste Anthologie zum modernen Haiku in deutscher Sprache erschienen.
URL: https://www.hamburg.emb-japan.go.jp/downloads/jaeb/jaeb161.pdf [21.07.2019].

[74] Fussy: Zur Geschichte des deutschen Haiku, S. 56.

[75] Tauchner: Gedanken zum Gendai-Haiku in deutscher Sprache, S. 30.

[76] Vgl. Rudolph Bauer: Aus der Bucherscheinung „Aus gegebenem Anlass" 18 Haiku gegen Retrofaschisten. URL: http://www.nrhz.de/flyer/beitrag.php?id=25385 [27.07.2019].

[77] Vgl. Franz Dodel: Nicht bei Trost. A never ending Haiku. URL: https://www.franzdodel.ch/#1 [03.08.2019].

Gedichte auf ein Handy laden, dort lesen und weiterverbreiten lassen.[78]

Die moderne Haiku-Entwicklung stellt eine Gratwanderung dar, zum einen „Bashōs Forderung nach dem Neuen"[79] folgend, zum anderen der Gefahr der Banalisierung ausgesetzt, „die des Abgleitens ins pure Wortspiel, ja den platten Kalauer ohne tieferen Sinn"[80].

Fazit

Der grob skizierte Entwicklungsweg des deutschsprachigen Haiku zeigt, wie sehr sich das Haiku-Verständnis im Laufe der Jahre gewandelt hat und wie vielfältig heute die Texte sind, die unter dem „Label" Haiku verfasst und veröffentlicht werden. Was ist davon nun wirklich ein Haiku, oder andersherum gefragt, wie definiert sich überhaupt DAS Haiku? Hierauf liefert der 2. Teil dieser Betrachtung Antworten aus literaturwissenschaftlicher Sicht: Wie lässt sich die Gattung „Haiku" definieren und wie ist es um das Haiku aus diesem Blickwinkel bestellt …

---

[78] Vgl. Oliver Bendel: Gutenbergs Rückkehr. In: B.I.T online Nr. 1 (2011), S. 21.
[79] Tauchner: Gedanken zum Gendai-Haiku in deutscher Sprache, S. 30.
[80] Jan Ulenbrook: Nachwort. In: Haiku. Japanische Dreizeiler. Hg. von Jan Ulenbrook. Stuttgart: Philipp Reclam Jun. 2010 (=Reclam Taschenbuch, Nr. 20199), S. 275.

Ausgezeichnet

Zusammengestellt von Horst-Oliver Buchholz

Das **29. Indian Kukai** war zum Thema „Road" ausgeschrieben. Unter 59 Teilnehmern hat Eleonore Nickolay den ersten Platz erreicht. Gratulation!

traffic jam	im Stau
I let my thoughts	ich lasse meinen Gedanken
run free	freien Lauf

    Eleonore Nickolay

Ebenso herzlich gratulieren wir **Klaus-Dieter Wirth**. Beim **III. International Haiku Contest for the „Radmila Bogojević" Award** in Serbien belegte er den dritten Rang mit dem Haiku

ein leeres Nest	an empty nest
im kahlen Baum	in a bare tree
sichtbare Stille	visible silence

prazno gnezdo
na golom drvetu
vidljiva tišina

Peter Rudolf

9. Haiku-Wettbewerb der DHG für die Haiku-Agenda 2020

Mittlerweile ist die Agenda 2020 im Buchhandel oder direkt bei Books on Demand, Norderstedt, erhältlich. Hinter uns liegen die Ausschreibung im Frühling, das Schreiben und Einsenden bis zum Sommerbeginn, das Erfassen und Werten und – auch nicht selbstverständlich – das Layouten und Publizieren. Vor uns liegt eine ansprechende Agenda.

Hier einige Zahlen zu den eingereichten Texten:
236 Texte von 85 Autoren wurden für die neue Agenda eingereicht. Etwas mehr als ein Viertel waren nicht DHG-Mitglieder. In der Jury waren diesmal die drei Vorstandsmitglieder Klaus-Dieter Wirth, Horst-Oliver Buchholz und Tony Böhle. Sie bewerteten die von mir zuvor anonymisierten Texte und vergaben für jedes Haiku bis zu drei Punkte. Damit hätte die maximale Punktzahl, die ein Haiku hätte erreichen können, bei neun gelegen. Diese Punktzahl erreichte keines der 236 Haiku. Drei Haiku haben bemerkenswerte acht Punkte erhalten. In einer zweiten Runde wurden für diese drei die Plätze 1, 2 und 3 erkürt.

So errang den ersten Platz das Haiku von Eleonore Nickolay:

Winterregen –
die verkrümmten Finger
der Malerin

Den zweiten Rang erreichte das Haiku von Brigitte ten Brink:

Epiphanias
die Sternsinger ohne
den schwarzen König

Den dritten Platz belegte Gabi Buschmann:

verlassenes Haus
ins Zapfloch des Dachbalkens
fliegen Wespen.

Sieben Punkte wurden vergeben für die Haiku der folgenden Autoren (in alphabetischer Reihenfolge): Christa Beau, Martin Berner, Claudia Brefeld, Hildegard Dohrendorf, Susanne Effert-Hartmann, Ruth Guggenmos-Walter, Gabriele Hartmann, Claudia Melchior, Martina I. Müller, Dorothea Philipps, Theo Schmich, Brigitte ten Brink und Tobias Tiefensee. Von Hildegard Dohrendorf, Susanne Effert-Hartmann und Tobias Tiefensee erlangten sogar je zwei Haiku diese Punktzahl.

Nach dieser Wertung verteilte Eleonore Nickolay die zur Veröffentlichung bestimmten Haiku auf den Wochenkalender. Für die dann noch nicht abgedeckten Wochen griff sie auf Haiku aus den Haiku-Auswahlen von SOMMERGRAS zurück. Zudem war sie verantwortlich für die Auswahl der übrigen Haiku, die von unseren DHG-Mitgliedern eingereicht wurden und sich als Bonus am Ende der Agenda, nach Jahreszeitenbezug gegliedert, befinden.

Beim Cover-Wettbewerb lagen 14 Einsendungen zur Bewertung vor. Auch hier nahmen anteilmäßig gleich viele Nicht-DHG-Mitglieder teil. Über die anonymisierten Bilder waltete dieselbe Jury nach demselben Verfahren. Das Foto von Anna Würth erreichte die höchste Punktzahl. Das Bild zeigt einen Ausschnitt eines Ginkgoblattes.

Obwohl es eine Nahaufnahme ist (oder allenfalls eine Vergrößerung), bleibt der Charakter des Blattes deutlich sichtbar. Beheimatet ist der Baum im Südwesten Chinas. Auf dem Seeweg von Japan herkommend fand er im frühen 18. Jahrhundert Eingang in die herrschaftlichen Gärten Europas. Er avancierte in Kürze zu einem überaus beliebten, schmuckvoll einsetzbaren Kleinod. Die fernöstliche exotische Herkunft einerseits und Goethes spätes Gedicht „Ginkgo biloba" (ursprünglicher erster Titel) andererseits weisen diesem Baum gegenüber auf eine Hoheit, mit der er sich in deutschsprachigen Ländern dem Haiku verwandt zeigt. Damit kleidet sich die DHG-Agenda des Jahres 2020 in ein klassisches Gewand.

Der DHG-Vorstand gratuliert den Platzierten zu ihrem Erfolg und wünscht allen Haiku-Freunden weiterhin viel Freude bei der kreativen Beschäftigung mit der kürzesten Gedichtform der Welt.

PS: Eine merkwürdige Besonderheit trat mir im Laufe der Einsendungen entgegen. Unter den eintreffenden Haiku war ein Text, den ich wegen seiner Kürze und Offenheit erwähnenswert finde:

Ja.

Zwei Buchstaben, ein Satzzeichen. Ich glaube, kürzer schafft es kein Autor in einer anderen Sprache, ein Haiku anzubieten. Nachdem ich mich beim

Autor vergewissert hatte, dass bei dieser Einsendung an Text alles vorhanden war und er von sich aus keine weiteren Angaben preisgab, machte ich mir meine Gedanken. Bietet sich unter dem Aspekt des „Nicht-alles-Sagens" hier nicht die halbe Welt zur Interpretation an? Ich möchte mich hier beschränken und nur wenige mir zentral scheinende Umräume zu diesem Text „Ja." aufzählen. Ob es ein herbsthaftes tiefes *Ja*, vielleicht nach einem Schicksalsschlag oder einer schweren Erkrankung ist? Ob es ein frühlingshaftes, verliebt jauchzendes *Ja* ist? Oder reflektiert der Autor nach einer besonderen Lektüre wie zum Beispiel eines Autors wie Matsuō Bashō, Johann Wolfgang von Goethe, Friedrich Nietzsche oder Rudolf Steiner? – Auch bei dieser Variante würde es der Autor dem Leser überlassen, worauf er bei diesem Haiku seine Gedanken richten mag – in diesem einen Moment, da er das Haiku gelesen hat und ihm sich dazu die Frage stellt: Was will, was könnte hier gemeint sein? Dieses *Ja* sei mir unter diesen Voraussetzungen ein Haiku; es wäre damit das bis anhin kürzeste Haiku, dem ich je begegnete.

Liebe Leserinnen und Leser,
wenn auch Sie einen der vorderen Plätze bei einem Wettbewerb erreicht haben, sei es im Internet oder bei einer anderen Ausschreibung, dann lassen Sie es uns gerne wissen und schicken Sie uns Ihre Werke. In dieser Rubrik haben Sie Gelegenheit, Ihr ausgezeichnetes Werk noch einmal an prominenter Stelle zu präsentieren. Das können Haiku sein oder Haiga, auch Tanka sind willkommen. Das gilt auch für fremdsprachige Texte, für die wir dann um eine autorisierte Übersetzung bitten.

Kontakt:
redaktion@deutschehaikugesellschaft.de
Stichwort: Ausgezeichnet, Einsendeschluss: 15. Januar 2020

Wir sind gespannt auf Ihre Einsendungen!
Ihre Redaktion SOMMERGRAS

Auswahlen

Die Haiku- und Tanka-Auswahl Dezember 2019

Es wurden insgesamt 242 Haiku von 92 Autoren und 48 Tanka von 25 Autoren für diese Auswahl eingereicht. Einsendeschluss war der 15. Oktober 2019. Diese Texte wurden vor Beginn der Auswahl von mir anonymisiert.

Jedes Mitglied der DHG hat die Möglichkeit, eine Einsendung zu benennen, die bei Nichtberücksichtigung durch die Jury auf einer eigenen Mitgliederseite veröffentlicht werden soll.

Eingereicht werden können **nur bisher unveröffentlichte Texte** (gilt auch für Veröffentlichungen in Blogs, Foren, sozialen Medien und Werkstätten etc.).

Bitte keine Simultan-Einsendungen!

Bitte vorzugsweise **alle** Haiku/Tanka **gesammelt in einem Vorgang** in das Online-Formular auf der DHG-Webseite selbst eintragen:

deutschehaikugesellschaft.de/haiku-und-tanka-die-auswahl/

Ansonsten per Mail an:

auswahlen@deutschehaikugesellschaft.de

Der nächste Einsendeschluss für die Haiku-/Tanka-Auswahl ist der 15. Januar 2019.

Jeder Teilnehmer kann bis zu fünf Texte – davon drei Haiku – einreichen. Mit der Einsendung gibt der Autor/die Autorin **das Einverständnis für eine mögliche Veröffentlichung in der Agenda 2021 der DHG sowie auf http://www.zugetextet.com/sowie für eine mögliche Vorstellung auf der Website der Haiku International Association.**

Haiku-Auswahl der HTA

Die Jury bestand aus Claudia Brefeld, Hildegard Dohrendorf und Martin Thomas. Die Mitglieder der Auswahlgruppe reichten keine eigenen Texte ein.

Alle ausgewählten Texte – 39 Haiku – werden in alphabetischer Reihenfolge der Autorennamen veröffentlicht. Es werden max. zwei Haiku pro Autor aufgenommen.

„Ein Haiku, das mich besonders anspricht" – unter diesem Motto besteht für jedes Jurymitglied die Möglichkeit, bis zu drei Texte auszusuchen (noch anonymisiert), hier vorzustellen und zu kommentieren.

Da die Jury sich aus wechselnden Teilnehmern zusammensetzen soll, möchte ich an dieser Stelle ganz herzlich alle interessierten DHG-Mitglieder einladen, als Jurymitglied bei kommenden Auswahl-Runden mitzuwirken.

Eleonore Nickolay

Ein Haiku, das mich besonders anspricht:

nach dem Abbruch
der Hausschlüssel
mein Geheimnis
   Anke Holtz

Dieses Haiku hat mich mit seiner schlichten Intensität direkt in seinen Bann gezogen. Das Wort Geheimnis ist gerade in der Kindheit fantasieumwoben, und so steht es wohl auch hier im Haiku bewusst, wenn auch im ersten Moment fast etwas beiläufig wirkend, in der letzten Zeile, scheint es doch gerade dort eine besondere Sogwirkung zu entfalten, zumal das Haiku sich inhaltlich in Zeile eins und zwei stark zurücknimmt (*shibumi*) … ja, fast schon ein wenig spröde wirkt. Aber genau das eröffnet mit einer gewissen Wucht einen Freiraum, und sofort befinde ich mich in der Geschichte eines alten Hauses, die ich – ich kann gar nicht anders – mit meiner eigenen Kindheit verwebe. Gerüche, Stimmungen, wechselndes Licht ... all das wird evoziert und scheint sofort wieder ganz nah: Der Schlüssel wird zum Hausschlüssel meiner Kindheitserinnerungen.

Somit ist er immer ein Türöffner zur Vergangenheit und jedem, der das Haiku liest, wird er einen anderen Raum – einen eigenen Erinnerungsraum – aufschließen ... und ihn mit all seinen Geheimnissen bewahren.

Der Begriff Hausschlüssel besitzt im Haiku gleich mehrere Funktionen: Als Hauptakteur steht er zentriert im Haiku und wird so zum Bindeglied zwischen dem abgerissenen Haus und den Erinnerungen, und gleichzeitig scheint er etwas Kostbares zu sein, ein Bewahrer der Vergangenheit, vielleicht auch einiger Geheimnisse, sodass seine Existenz geschützt werden muss – und selbst zum Geheimnis wird.

Es ist die schlichte Kraft, mit der das Haiku das Unsagbare zwischen den Zeilen sagt und ein Berührtwerden (*aware*) durch den Text entstehen lässt.

Bashō soll einmal gefragt haben: „Ist irgendwas Gutes daran, wenn alles ausgesprochen wird?"

Ausgesucht und kommentiert von Claudia Brefeld

Pfandautomat –
der leere Blick der
Dame vor mir
Taiki Haijin

Fragt man mich nach der Ursache, warum es dem Haiku hierzulande, aber auch in seiner Heimat Japan, an Nachwuchs mangelt, so kreisen meine Gedanken stets um einen Begriff: *Lebenswirklichkeit*. Meines Erachtens ist dem Haiku, vor allem in seiner traditionellen Ausrichtung, der Bezug zur Realität abhandengekommen. Was vor mehr als 400 Jahren für Bashō (1644–1694) und seine Zeitgenossen zum Alltag gehörte und demnach die Grundlage der Dichtung bildete, unterscheidet sich wesentlich vom

Erfahrungshorizont heutiger Menschen. So muss sich das Haiku insbesondere auf der thematischen Ebene erneuern, will es eine Zukunft haben.

Erfreulicherweise ist die deutsche Haiku-Landschaft bei Weitem nicht so konservativ wie die japanische. Dies liegt zum einen an der unterschiedlichen historischen Genese der Gattung und zum anderen an der insgesamt recht freien Form, schließlich wurde beispielsweise die Diskussion um ein festes Silbenschema längst ad acta gelegt. Darüber hinaus sind hierarchische Organisationsstrukturen, welche in Japan in der Vergangenheit immer wieder dafür gesorgt haben, dass progressive Strömungen unterdrückt wurden, so gut wie nicht vorhanden. Fruchtbarer Boden also, um eine Reform zu starten.

Dass diese Reform gelingen kann, haben zahlreiche eingesandte Beiträge zur aktuellen Haiku-Auswahl von SOMMERGRAS gezeigt, was mich persönlich sehr gefreut hat. Mein Favorit war dabei das oben stehende Gedicht. Im Gegensatz zu anderen Texten, die sich einer althergebrachten Naturmotivik bedienen, welche häufig dazu führt, dass sich der Leser fragt, ob er so etwas Ähnliches nicht schon einmal irgendwo gelesen hat, kann ich mit Sicherheit behaupten, dass es sich hierbei um das erste Haiku mit Fokus auf einen Pfandautomaten handelt, das ich bewusst wahrgenommen habe. Das Gedicht wahrt für mich dadurch jedoch nicht nur seine Originalität – ein wichtiger Punkt, wenn es um die Bezeichnung als gelungenes Werk geht –, sondern ist aufgrund dieser thematischen Bezugnahme gleichzeitig auch in meiner realen Lebenswirklichkeit verortet und spricht mich daher direkt an. So stehe ich während einer gewöhnlichen Arbeitswoche wohl häufiger vor einem Pfandautomaten, als dass ich einen ausgiebigen Waldspaziergang unternehmen oder Wildgänsen beim Fliegen zusehen würde.

Doch nicht nur das, das vorliegende Haiku präsentiert sich auch noch auf zahlreichen anderen Ebenen als ansprechendes Gedicht. Neben der konkreten Situationsbeschreibung, welche durch die erste Zeile in prägnanter Form gegeben wird, war ich besonders vom großen Interpretationsfreiraum fasziniert. Unweigerlich fragt man sich, warum der Blick der Dame als „leer" beschrieben wird? Ist die Ursache hierfür in der tristen Handlung des Flascheneinwurfs zu sehen? Liegt es an der vor ihr stehenden Schlange und der damit verbundenen Wartezeit? Ist sie mit ihren Gedanken woanders, da etwas vorgefallen ist? Oder handelt es sich womöglich um eine ältere Frau, die auf der Straße Flaschen gesammelt hat und daher gewiss noch ganz andere Sorgen hat, von denen Autor und Leser nur eine vage Ahnung haben? Hinzu kommt die semantische Überschneidung, die zwischen den leeren Flaschen, die eingeworfen werden, und dem leeren Blick der Frau besteht. Je häufiger ich das Gedicht lese, desto mehr überträgt sich dieses Gefühl der Leere und Beklommenheit auch auf mich, weswegen ich dieses Haiku als besonders erwähnenswert betrachte.

Ein weiteres Beispiel für die inhaltliche Erneuerung des Haiku, welches zudem zeigt, dass die Natur auch bei moderner Thematik nicht außen vor bleiben muss, ist folgendes Gedicht:

Regentag
auf dem Bildschirm grinst erneut
der Endgegner
Sebastian Salie

Wer noch nie ein Video- oder Computerspiel gespielt hat, wird zu diesem Text wohl nur schlecht einen Zugang finden. Für all jene, denen diese Form der Unterhaltung nicht fremd ist, offenbart sich jedoch ein sehr interessantes Spannungsfeld.

Stunde um Stunde hat man investiert, um am Ende vor dem letzten Gegner des Spiels zu stehen. Dieser erweist sich in den meisten Fällen jedoch als besonders schwer zu besiegen. So auch in der Erfahrung des Autors, welcher in der geschilderten Situation – angezeigt durch das Adjektiv erneut – nicht den ersten Versuch unternimmt, um es mit ihm aufzunehmen. Welch glückliche Fügung, dass sich das Ganze an einem verregneten Tag zuträgt! Da macht es auch nichts aus, wenn man es immer und immer wieder probiert und somit keinen Fuß vor die Tür setzt. Der verregnete Tag draußen und das Spielen am Computer drinnen ergänzen sich auf diese Weise ausgesprochen gut.

Natürlich lässt sich darüber streiten, ob die genannten Gedichte wirklich Haiku sind oder nicht vielleicht doch eher als Senryu bezeichnet werden sollten. Macht man den Unterschied zwischen beiden Gattungen verkürzt am Vorhandensein eines Jahreszeitenwortes aus, so lässt sich argumentieren, dass es im Deutschen zunächst einmal keine strikt vorgeschriebenen Jahreszeitenwörter gibt, die im japanischen Haiku häufig die Kreativität des Autors bremsen und mittlerweile ohnehin zu rein floskelhaften Worthülsen verkommen sind, die niemand ohne Jahreszeitenwörterbuch versteht. Zum anderen könnte man Pfandautomaten und Computerspiele auch einfach als Teil der menschlichen Natur betrachten, welche die Lebenswirklichkeit in einer modernen Dienstleistungsgesellschaft mindestens genauso gut beschreiben wie Tiere und Pflanzen.

Dementsprechend würde ich auch das dritte Haiku, das mich bei der aktuellen Auswahl neben einigen weiteren Gedichten besonders angesprochen hat, ohne Zögern als solches bezeichnen. Schließlich findet sich auch in diesem Text die häufig geforderte Konkretheit des Augenblicks, gepaart mit einer überraschenden Wende, verpackt in wenigen Worten:

Candle-Light-Dinner
wie zärtlich er die Worte
in sein Smartphone tippt
    Eva Limbach
Ausgesucht und kommentiert von Martin Thomas

Die Auswahl

im Gartenlokal
ich setze mich
auf die Sonne
    Christa Beau
	Rentnerrunde
	sie helfen sich
	beim Wörtersuchen
	    Martin Berner

Mexiko-Käfer
wir klettern in den Duft
der Siebziger

Christof Blumentrath

Das Spinnennetz
zwischen Fahrrad und Mauer – über Nacht
wieder da.

Reinhard Dellbrügge

Halloween
dem Kürbis
eine Seele geben

Frank Dietrich

immer leerer –
im Zug sitzt die Nacht …

Ruth Guggenmos-Walter

Backfischausflug –
die alten Sonnenblumen
blicken zu Boden

Taiki Haijin

letzte Kornblume –
geblieben ihr Traum
vom wogenden Meer

Claus Hansson

Nach dem Abbruch
der Hausschlüssel
mein Geheimnis

Anke Holtz

Rast und Routenplanung.
Der Käfer auf der Karte
eilt querfeldein.

Reinhard Dellbrügge

ein weißes Blatt –
die rauen Spuren
des Radiergummis …

Ruth Guggenmos-Walter

Pfandautomat –
der leere Blick der
Dame vor mir

Taiki Haijin

Ihre Rundung
liegt schmeichelnd in meiner Hand –
erste Kastanie

Erika Hannig

Herbstanfang
wir tunken unser Brot
in Bratenfett

Gabriele Hartmann

Herbstsee
vergessen in der Tiefe
des Rucksacks die Badesachen

Anke Holtz

Septembermorgen –
wir lauschen dem Storchenpaar,
das nicht mehr klappert.

Manfred Karlinger

In der Kirche
auch die Christusfigur
verstaubt

Petra Klingl

Abendläuten
das Elternhaus
abschließen

Eva Limbach

im Stau
das Autobahnkreuz überqueren
Wolkenschiffe

Ramona Linke

Kündigung
über den Steilhang fällt
mein Schatten

Ruth Karoline Mieger

Umzug
im Seidenpapier
die gekittete Vase

Eleonore Nickolay

Der neue Rucksack
Das alte Gepäck plötzlich
Schwerer geworden

Jonathan Perry

Start in den Urlaub
unser Navi
übernimmt das Gespräch

Elisabeth Kleineheismann

Kräutergarten
auf Reisen durch
seine Düfte

Gérard Krebs

Candle-Light-Dinner
wie zärtlich er die Worte
in sein Smartphone tippt

Eva Limbach

Freundinnen Selfie
verschmitzt lächeln
zwei Faltengesichter

Ingrid Meinerts

beim Vortrag
übers Sterben vertieft
in meine Handlinien

Ruth Karoline Mieger

Sterbehospiz
sie diktiert ihm
ihre Passwörter

Eleonore Nickolay

prüfungstag
das kind hustet
und hustet

Sonja Raab

Wohnzimmer
der alte Sessel
steht immer im Weg
Sebastian Salie

Regentag
auf dem Bildschirm grinst erneut
der Endgegner
Sebastian Salie

Oktobersonne
reite im Blätterregen
aus dem Alltag
Helga Schulz Blank

Geburtstagsmorgen
Spuren von Krähenfüßen
nicht nur im Schnee
Brigitte ten Brink

Noch vom letzten Jahr
dies Schild am Straßenrand
‚Neue Ernte‘
Angela Hilde Timm

Deinem Schreibtisch
der jetzt der meine ist
missfällt das Unerledigte
Erika Uhlmann

Altenheim
im Nebenzimmer
Nabucco
Friedrich Winzer

Fair Trade
für einmal Straße kehren
Omas Pflaumenmus
Friedrich Winzer

Windstille –
in der Hängematte
schwankende Pinien
Klaus-Dieter Wirth

unerwartete
Erbschaft – Großvaters
trauernder Hund
Klaus-Dieter Wirth

Sonderbeitrag von René Possél

René Possél hat aus allen anonymisierten Einsendungen ein Haiku ausgesucht, das ihn besonders anspricht.

repariere den Wachsengel
mit der Wärme
meiner Hände
Bernadette Duncan

Die Haiku-Idee ist einfach und naheliegend: eine Engelfigur aus Wachs, die „ich" allein mit meiner Handwärme bearbeiten, „reparieren" kann. Aus dieser Situation gewinnt das Haiku einen bestimmten Hall-Raum.

Engel haben in der säkularen Welt zurzeit eine erstaunliche Konjunktur. Mit dem Rückgang des traditionellen Gottesglaubens bekommen interessanterweise die „Boten der Transzendenz, des Höheren" eine größere Bedeutung. Viele verbinden dabei mit dem Wort „Engel" esoterisches Gedankengut …

Entscheidend für die Assoziationen ist hier der „Wachsengel" und dessen „per se" Empfindlichkeit. Wachs ist ein weiches Material, das durch Stöße oder Hinfallen leicht beschädigt werden kann. Das scheint bei diesem konkreten Wachsengel der Fall zu sein. Wenn man die Bedeutung von „Engel" mit der Verletzbarkeit der Wachsengel verbindet, ergibt sich für manche ein reizvoller esoterischer Gedanke: Die Boten der Transzendenz, die uns geschickt sind, können leicht verletzt oder zerstört werden.

Der dritte (positive) Gedanke ergibt sich ebenfalls aus dem Material: „Ich" kann mit meinen menschlichen Möglichkeiten = „der Wärme meiner Hände" den „verletzten Engel" (die Botschaft) wieder in Ordnung bringen, „reparieren".

Nach so viel Be-Deutung zuletzt ein paar nüchterne handwerkliche Hinweise.

Mir scheint der Aufbau verbesserungswürdig zu sein – im Sinne einer klareren Haiku-Struktur. Die erste Zeile umfasst hier gleich acht Silben und beginnt (unter Weglassung des Personalpronomens) mit der ersten Person. Zudem fällt sie gewissermaßen „mit der Tür ins Haus". Da die Pointe vom Wort „reparieren" ausgeht, würde ich dies an das Ende setzen und vorher langsam mit den Bildern beginnen: Erst der Wachsengel, dann die Wärme der Hände, zuletzt das Wort „reparieren". Von daher schlage ich (nebst Besprechung) folgende Version vor:

der Wachsengel
die Wärme meiner Hände
repariert ihn

Tanka-Auswahl der HTA

Ein Tanka, das mich besonders anspricht

nach all den Jahren
eine Nachricht
von dir
die Rückkehr
der wilden Schwäne

Frank Dietrich

Warum ist hier jemand verschwunden, weggegangen? Das wird nicht gesagt, aber die Person, die jetzt eine Nachricht bekommt, hat wohl einiges an Leid erlebt, gewartet, gehofft. War es zur Zeit des Frühlings, als die wilden Schwäne zurückkehrten? Dann kamen die Erinnerungen wohl jedes Jahr mit den Schwänen zurück. Und somit wieder Leid und Hoffnung.

Im Märchen „Die wilden Schwäne" von Hans Christian Andersen aus dem Jahr 1838 sehe ich eine Analogie zu diesem Tanka. Den Inhalt möchte ich hier in Kurzform wiedergeben:

In einem Königreich lebt ein König mit seiner Tochter Elisa und seinen elf Söhnen. Eines Tages beschließt er, wieder zu heiraten. Die Stiefmutter verwandelt die elf Prinzen in Schwäne. Elisa kann dank ihres reinen Herzens dem Zauber widerstehen. Sie muss aber fliehen.

Von einer guten Fee erfährt sie, wie sie die Brüder wieder zurückverwandeln kann: Sie soll auf Friedhöfen Brennnesseln sammeln und daraus Hemden für ihre Brüder weben. Sie darf kein Wort reden, bis die Aufgabe erfüllt ist; sonst würden ihre Brüder sterben.

Eines Tages begegnet ihr bei der Arbeit ein fremder König, der sich in sie verliebt und sie mit in sein Schloss nimmt, wo sie ihre Arbeit fortsetzt. Der Erzbischof hält sie für eine Hexe, und sie wird zum Tod auf dem Scheiterhaufen verurteilt.

Bis zuletzt webt sie an den Hemden. Auf dem Scheiterhaufen kommen die Brüder als Schwäne angeflogen. Sie wirft ihnen die Hemden über, und sie verwandeln sich wieder in Menschen. Nur der jüngste Bruder behält einen Schwanenflügel, weil sein Hemd noch nicht fertig war. Jetzt konnte Elisa wieder sprechen und alles erklären. Der König heiratet sie.

Letztendlich gehen das Märchen und wohl auch das Tanka gut aus. Der Anfang ist gemacht, es ist eine Nachricht gekommen – die Ungewissheit mit dem daraus resultierendem Leid, dem Warten und Hoffen ist vorbei. Es werden sicher „Narben" bleiben. Im Märchen wird dies durch den Schwanenflügel des jüngsten Bruders versinnbildlicht. Vielleicht werden Vorwürfe gemacht, es wird geredet, es werden Fragen gestellt, die beantwortet sein wollen und hoffentlich kann verziehen und aufeinander zugegangen werden. Dann können die „Narben" schrumpfen, kleiner werden.

Ausgesucht und kommentiert von Silvia Kempen

bunte Farben
streicht mein Pinsel
je nach Lust und Laune
das Spiel beginnt
mein Blatt fliegt auf – wohin

Ute Kassebaum

Mit einfachen Worten, angenehm bescheiden, beschreibt die Autorin etwas ganz Alltägliches. Beim ersten Wort wird klar, welche Jahreszeit mit diesem Text auftritt. Mit dem zweiten Wort ist die erste Zeile schon zu Ende, der Herbst steht fertig da. Dem lässt die Autorin in der zweiten Zeile ein lyrisches Ich, einen Maler, gegenübertreten. Der geht dem Malen in der nächsten Zeile „je nach Lust und Laune" nach. Mit „das Spiel beginnt" vollzieht der Text eine Wendung, er öffnet sich, die Autorin sucht nach Mitspielern für das lyrische Ich. Und wer erscheint als Mitspieler?

Ob der Maler vielleicht gerade das Wasserglas mit der einen Hand festhält und mit der anderen den Pinsel auswäscht? – Gleich fährt der Wind, der zum Herbst gehört wie die „Farben", „bunt" oder ein „Blatt", daher in einem Stoß vielleicht nur, aber immerhin heftig genug, um das Blatt Papier zu entführen. Damit ist der Höhepunkt doppelt erreicht: Der Herbstwind tritt auf, ohne dass er genannt wird, und er nimmt statt der üblichen Blätter ein Blatt mit, das ihm nicht gehört. Soweit spricht das Tanka stimmungsmäßig an.

Ohne die explizite Frage „wohin" wäre der Text offen geblieben. Dem Leser, der sich auf das lyrische Ich einlässt, hätten sich Fragen gestellt, die von der einen Frage „wohin" zur Seite geschoben wurden. Zum Beispiel: Mag ich den Herbst, wie er gerade ist? Kann ich den Wind in diesem speziellen Moment als herbstlichen Mitspieler akzeptieren? Wünschte ich, ich könnte ihn abstellen für eine gewisse Zeit? Verwünsche ich den Wind? – Wie viele weitere Fortsetzungen lägen da drin! Zu Hause könnte erzählt werden: „Heute habe ich ein wahres Meisterwerk gemalt – leider hat es der Wind mitgenommen!"

Was aber macht das „wohin" bei diesem Text, ohne Fragezeichen? – Ob die Autorin ein Fragezeichen gesetzt hatte, das unterwegs bis ins SOMMERGRAS verloren ging? – Dem wird nicht so sein. Aber auch ohne das Fragezeichen kann dieses letzte Wort die gewollte Wendung des Tanka ins Intellektuelle nicht verbergen. Es stört unvermittelt die entstandene Herbststimmung und beendet sie. Denn nun sind Antworten verlangt.

Damit ist aber nicht gesagt, dass das „wohin" das Tanka stört. Vielmehr darf man annehmen, dass die Autorin diese eine Frage für ihren Text bevorzugt, da sie den Fokus auf sie legt: Wohin trägt der Wind das Blatt? – Da gäbe es vermutlich auch wieder viele Möglichkeiten, auf diese einladende Frage Antworten zu geben. Beispielsweise bis zum Kennenlernen eines hübschen unbekannten Menschen, der gerade das Blatt auffängt oder es vom Boden aufnimmt, um es zurückzubringen.

Ausgesucht und kommentiert von Peter Rudolf

Die Auswahl

nach all den Jahren
eine Nachricht
von dir
die Rückkehr
der wilden Schwäne

Frank Dietrich

um die domkuppel
fledermäuse
aus heiligen mauern
der staub
unberührt …

Ruth Guggenmos-Walter

bunte Farben
streicht mein Pinsel
je nach Lust und Laune
das Spiel beginnt
mein Blatt fliegt auf – wohin

Ute Kassebaum

die Kellnerin
sich mit einem Lächeln nur
bedankend
und mein Springkrautknospenherz
blüht auf

Jonathan Perry

gleichgültig sind mir
die Geschicke der Menschheit
geworden –
höre ich die Amsel singen am Abend
tanzt mein Herz voll Freude

Jonathan Perry

vor seinem Garten
rankt roter wilder Wein
schmückt die Tanne
ihm schnürt es den Hals zu
die erste Weihnacht allein

Helga Schulz Blank

Mitgliederseite

Jedes Mitglied der DHG hat die Möglichkeit, eine Einsendung zu benennen, die bei Nichtberücksichtigung durch die Jury der Haiku- und Tanka-Auswahl auf dieser Mitgliederseite veröffentlicht werden soll.

Buß- und Bettag –
Trost nur
in Bachs Fugen

Ellen Althaus-Rojas

Wogendes Getreide
Zweige von Früchten schwer
sind nur Erinnerung

Elke Bannach-Hoffmann

unterm Sternenzelt
ins Unendliche schauen
Hand in Hand

Christa Beau

Spätherbstsonne
der Alte geht langsamer
langsamer

Martin Berner

einer klagt übern Regen
in der Pfütze
spielende Spatzen

Horst-Oliver Buchholz

Käferchen, beinah
wär' ich auf dich getreten,
mein Zeitgenosse!

Susanne Effert-Hartmann

die spitzen stacheln
nicht schutz genug – sein haar
kastanienrot

Sylvia Bacher

schon buntes Laub
in Windeseile wirbelnd
von rauschenden Zweigen

Karin Baumgarten

Der einsame Teich
blickt fragend zu mir herauf –
Waldbodenauge.

Thomas Berger

draußen Scheppern –
die Wolken ziehen
Grimassen

Marcus Blunck

Bunte Herbstblätter
schreiben Haikus auf den Weg
kannst Du sie lesen

Mait Buttgereit

Vor dem Fenster:
Der Star spielt Amsel
Was kommt im Herbst?

Peter-Michael Fritsch

Tautropfen
auf Friedhofsastern –
ein Auto hupt.

Loretta Gaukel

ein leises Klagen
das blasse Blau
der Hortensien

Gregor Graf

Zur Oldtimershow
nach Jahren mal wieder
aber nichts Neues

Wolfgang Gründer

leise werden
die Farben im Nebel
erzählen

Claus Hansson

Wurzelgeflecht
ob der Bärtige mich eines Tages
wiederfindet?

Birgit Heid

Mittagsruhe.
Ein gelbes Ginkgoblatt
auf unserm Katzengrab.

Saskia Ishikawa-Franke

in tiefster Nacht
Christrose erblüht
Schneeflocken tanzen

Ute Kassebaum

Duft des Regens
zwischen uns das Quäntchen Sehnsucht

Ramona Linke

Septemberwind
Das langsame Sterben
der Unsterblichkeit

Hans-Jürgen Göhrung

Singvögel
in der Abendsonne
beim Abschiedstanz auf dem Rasen

Karola Groch

Das Teenagerpärchen
geflasht vom Ulk der
Busgruppe

Taiki Haijin

das buch der freunde
einträge seit jahren – doch
wem dient die sammlung

Bernhard Haupeltshofer

Letzte Rose blüht.
Am Strauch welke Blätter und
Hagebutten rot.

Hans-Joachim Horstmann

herbstabend
geröstete kastanien –
frisch aus der glut

itazura

Die Kinder barfuß –
Beim Walnussbaum drückt es oft
unter den Füßen

Reinhard Lehmitz

Dat Seel swingt wat rund
Kinner snackt un singt toher –
rasch de Katt do flücht.

Das Seil schwingt im Kreis
Kinder reden und singen –
die Katze nimmt Reißaus.

Erich Meyer

morgenrot
vor der haustür
eine maus ohne kopf

Sonja Raab

vor meinem Fenster
Weinlaubgardine –
ich zieh' sie nicht auf

Rita Rosen

Herbstmorgen
Landschaft im Nebel
weichgezeichnet

Evelin Schmidt

klosterfresken
uralt
der berge licht

Helga Stania

Ein Hund schnappt Schneeflocken:
Unter der Brücke liegt ein
Schlafsack auf Pappe

Alexander Strestik

Zwei Sterne leuchten –
erste Vogelstimmen schweben
durch die Nacht.

Angela Hilde Timm

Die Augen zugedeckt.
Die Hände beim Kinderspiel
– sind warm geworden

Masami Ono-Feller

Magenschmerzen
Auf deinen Lippen
der Schnee von gestern

Renate Maria Riehemann

mit dem einkaufswagen
durch den warendschungel –
schlangen an den kassen

Theo Schmich

Ein eisiger Wind
treibt die Menschen ins Warme.
Tee vor dem Kamin.

Gerhard A. Spiller

der busch sah aus als stürbe er.
rot vor der zeit,
sommer war es.

Thomas Steiner

ein Spatz im Anflug
auf geknicktem dünnen Zweig
kurz geschaukelt – fort

Ingrid Töbermann

aufgebrachte Gänse
der Schatten
eines Heißluftballons

Klaus-Dieter Wirth

Akkordeonklang
schlängelt durch die Passage
leicht wie Quellwasser
abends das gleiche Lied
in umgekehrter Richtung

Renate Straetling

taumelnde blätter
in der nachmittagssonne
über land fahren

Birgit Wendling

Kecke Lachmöwe
tappt vor mir in die Wellen
schnappt sich einen Stint.
In Etappen hinunter
würgt sie den zappelnden Fisch.

Christa Wächtler

Bei allen Beiträgen (inklusive Haiga) bitte keine Simultaneinsendungen.

Die Auswahl der folgenden Texte ebenso wie alle in dieser Ausgabe abgedruckten Haiga erfolgte durch Horst-Oliver Buchholz, Ramona Linke, Eleonore Nickolay, Claudia Brefeld und Thomas Opfermann.

Bei eigenen Einreichungen enthalten sich die Redaktionsmitglieder ihrer Stimme, Diskussion und Wertung.

Gerne verstärken wir unsere Jury in jeder Ausgabe um eine wechselnde Gaststimme. Wir laden alle DHG-Mitglieder ein, sich hierzu bei der Redaktion unter redaktion@deutschehaikugesellschaft.de zu melden!

Haibun

Birgit Heid

Verbleibende Zeit

Ich finde nicht den richtigen Eingang. Ein Fremder tröstet mich, er sei sogar einmal am falschen Friedhof gestanden. Dieser hier ist nicht in der verbleibenden Zeit zu durchschreiten. Ich renne vom hinteren Bereich zur Verwaltung zurück und lasse mich - in Tränen aufgelöst - mit dem Service-Mobil zur Grabstelle an einer Baumgruppe fahren. Noch stehen die Trauernden versammelt.

Mitfahrgelegenheit
die Frau schräg vor mir
wie sehr sie ihr gleicht

Bernadette Duncan

In der Nacht spielt das Meer Marimba

auf all den Stücken von Treibholz. Beim Sammeln stoßen sie in meinen Armen aneinander und klingen, als hätten sie ein Gelübde abgelegt und damit ihre alten Namen wie Esche, Eiche, Teak und Kiefer. Nun lehnen sie an der Hauswand in ihren grauen Kutten, die das salzige Wasser ihnen geschneidert hat aus seiner großen Geduld, mit hie und da einem Glanz von Sternen, den kein Feuer mehr nimmt.

Angelika Holweger

Antikmarkt

Da blicken sie ganz unschuldig vom Regal herunter, der Kasperl, der Sepperl, Räuber Hotzeplotz, die Großmutter und viele andere Handpuppen. Drehe kurz die Zeit zurück, als ich hinterm behängten Bügelbrett im Türrahmen erdachte Geschichten improvisierte. Im Schein der alten Nachttischlampe dann die strahlenden Gesichter der eigenen Kinder und

ihrer Freunde.
alte Schnulzen …
habe das Tanzen verlernt

Angelika Holweger

Nur ein Film?

„Van Gogh – an der Schwelle zur Ewigkeit."
Ziemlich aufgewühlt verlasse ich das Kino.
Bilder fluten meine Seele, nisten sich ins Unbewusste ein.
Die Nacht ein einziger Albtraum, aus dem ich nur mühsam
wieder zurückfinde in meine Wirklichkeit.
Sonnenblumen im Regen   weinen

Horst-Oliver Buchholz

Am Fenster

Als die Kühle der Nacht den Morgen noch deckte, die Sonne verborgen noch glomm hinterm Nachbarhaus, das einen Schatten legte in meinen Garten, da saß oben im Geäst der Blumenesche ein Vogel mir unbekannter Art, der allein die Sonne schon sah. Darüber war er kalt geworden, mein Espresso.

unruhige Nacht
im Gartenzaun
klafft ein neues Loch

Gabriele Hartmann

Alle Jahre wieder

Die Tür zur guten Stube ist seit Stunden abgeschlossen, das Schlüsselloch zugeklebt. Geheimnisvoll knistert und raschelt es dahinter. Mutter ist nicht da. Vater sitzt am Küchentisch, vor sich einen Kurzzeitwecker, der alle 20 Minuten klingelt. Dann zieht Vater Grillhandschuhe an, öffnet die Backofentür und begießt die Gans, deren Haut sich nach und nach dunkel gebräunt hat, mit Salzwasser.
Das Ticken des Weckers gliedert den späten Nachmittag in winzige Stücke, sein Klingeln verspricht, dass es nicht mehr ganz so lange dauern wird. Mein kleiner Bruder hat die Dose mit dem Spritzgebäck gefunden und macht sich darüber her. Nebenan läuft der Fernseher. Nachrichten. Vater wechselt den Standort, wir folgen ihm. Ein weinender Soldat trägt ein Kind auf seinen ausgestreckten Armen. „Ist das das Christkind? Wann kommt es denn endlich", quengelt mein Bruder. Vater macht ein ernstes Gesicht, gibt keine Antwort. Aus der Küche quillt Rauch.
Später wird die Plätzchendose leer sein und mein Bruder sich übergeben.

74

Mutter wird schimpfen und über Migräne klagen. Vater wird der Gans die schwarze Haut abziehen und schweigen.

Stille Nacht
der Dirigent hebt
den Taktstock

Helga Stania

alpsommer

zum schlafen sich an eine blüte zu heften   tagträume

im talschluss tief unter den felsensäulen gilt ein anderes maß für zeit & das schweigen
fällt leicht in der kleinen kapelle, ihrer dämmerlichtigen

Frühlingsduft

ich spendiere dem Banjo

neue Saiten

Foto und Haiku: Christof Blumentrath

Rengay

Sylvia Bacher, Claudia Brefeld und Brigitte ten Brink

hochkriechende kälte

volksfeststimmung
zugefroren der teich
am rand des dorfes

spitze schreie
ein schatten unterm eis

taschenlampen
leuchten, blicke tasten
in die tiefe

kein schal, kein mantel schützt mehr
vor hochkriechender kälte

… wieder und wieder
streicheln sie sein foto
− großmutters hände

verloren inmitten
kulinarischen angebots

BtB: 1, 4 / CB: 2, 5 / SB: 3, 6

Kettendichtung

Es können auch längere und lange Kettendichtungen eingereicht werden, diese werden dann aber nicht mehr im SOMMERGRAS, sondern auf der DHG-Website parallel zur jeweiligen SOMMERGRAS-Ausgabe veröffentlicht. Auf diese Weise wird die gemeinschaftliche Kettendichtung besser gefördert, da es so keine Platzeinschränkungen mehr gibt, die beim SOMMERGRAS ja immer eine Rolle spielen.
Die Kettendichtungen (*renku*) bitte immer mit dem zugrunde liegenden Schema und Anmerkungen einreichen, da es so für die Leser besser nachvollziehbar ist.
Wir freuen uns auf Ihre Zusendungen!

Cherita

Helga Stania

spätsommerwind

in der einstigen kiesgrube
die beeren- und blütenfülle

die wellen erzeugt
vom flügelschlag einer libelle
unbemerkt

Briefe an die Redaktion

Die SOMMERGRAS-Redaktion freut sich immer über Zuschriften, jedoch ist das Einreichen eines Briefes an die Redaktion keine Garantie für den Abdruck. Der Umfang sollte ein bis zwei SOMMERGRAS-Seiten (A5) nicht überschreiten. Die Redaktion behält sich Kürzungen/den Abdruck von Auszügen vor.

Liebes Redaktionsteam!

Im SG Nr. 126 bezog sich Birgit Heid auf die letzte Mitgliederversammlung. Dort wurde, u. a. von mir angeregt und in Briefen an die Redaktion schon vorher thematisiert, über eine gendergerechte Sprache diskutiert und ihre Beachtung in den öffentlichen Verlautbarungen der DHG gefordert. Wie sie anmerkte, wurde die Diskussion sehr kontrovers geführt. In ihrem Beitrag liefert sie nun grundlegende Erkenntnisse und Forderungen für die Beachtung einer gendergerechten Sprache. Auch schlägt sie als Vorgehensweise für die DHG die Doppelbenennung (z. B. Leser und Leserinnen) oder Neutralisierung (z. B. Teilnehmende) vor. Diese Vorschläge unterstreiche ich. Es gilt zu bedenken, dass die Forderung nach Gleichbehandlung der Frauen in unserer Gesellschaft oft und nachdrücklich gestellt wird. Wer es ernst nimmt mit der Gleichberechtigung, sollte dies auch in der Sprache zum Ausdruck bringen. Es gilt, eine sprachliche Gleichbehandlung von Frauen herzustellen. Jede Veränderung stößt zunächst auf Widerstände. So wird über die „sperrige, schwerfällige Lesbarkeit" geklagt. Aber hier genau liegt der Punkt. Stolpere ich über eine ungewohnte Lesart, halte ich einige Minuten inne. In der gendergerechten Formulierung wird mir bewusst, dass es „auch Frauen gibt" und weiter: dass die Hälfte der Menschen Frauen sind. Und dass sie benannt werden wollen. Die Benennung stärkt weitergehend auch ihr Selbstbewusstsein. Die Literaturwissenschaftlerin Prof. Tina Hartmann, Universität Bayreuth, (taz 27./28.4.2019) spricht in diesem Sinne von der „Wirkungsmacht der Literatur". Sie bezieht weiterführend auch die Benennung von Lesben, Schwulen, Bisexuellen, trans- und intergeschlechtlichen Personen ein, die zurzeit mit einem Sternchen im Text gekennzeichnet werden. Sie sagt, dass es Versuche sind, die Vielgestaltigkeit unserer Gesellschaft darzustellen. Und dass diese Versuche verändert, verbessert, verwandelt werden können. Sie nennt es eine „kreative Chance". Auf die Literatur bezogen sagt sie: „ Eine Poesie der gerechten Sprache wird jedenfalls radikale, spielerische, lustvolle, anarchische Texte produzieren, die polemisch und poetisch dem generativen Maskulinum beizukommen streben – um hoffentlich einmal als zweite literarische Moderne in die Literaturgeschichte einzugehen."

Eine Literaturgesellschaft wie die DHG muss sich auch diesen Forderungen stellen, will sie nicht die Fragen der Zeit ignorieren.

Dr. Rita Rosen, Wiesbaden, 14.10.2009

heiliger Abend

einer bricht
die Waffenruhe

Foto und Haiku: Gabriele Hartmann

Rezensionen/Besprechungen

Eleonore Nickolay

Der Ruf des Hototogisu

Der Ruf des Hototogisu – Grundbausteine des Haiku, Teil 1, von Klaus-Dieter Wirth. 267 Seiten. Allitera Verlag, München 2019. ISBN 978-3-96233-155-9.

Die Rezensentin reiht sich zufrieden ein in den Kreis derer, die Klaus-Dieter Wirth wiederholt baten, seine Grundbausteine des Haiku in einem Buch zusammenzufassen. Als ich Ende 2012 das Haiku für mich entdeckte, stieß ich bald darauf im Archiv der DHG-Webseite auf Wirths Abhandlungen, in denen er in anschaulicher Weise sowohl die klassischen japanischen Grundelemente des Haiku vorstellt als auch Stilfiguren, wie sie uns aus unserer eigenen okzidentalen Poetik vertraut und durchaus auch im Haiku anzutreffen sind. Diese damals verfügbaren Grundbausteine habe ich mir ausgedruckt und in einem Ordner abgelegt. Er ist bis heute Bestandteil meiner persönlichen Haiku-Bibliothek geblieben.

Nun haben wir die ersten zwanzig Grundbausteine mit zahlreichen Haiku-Beispielen von weit über 900 Autoren aus dem In- und Ausland in einem handlichen und angenehm übersichtlich gestalteten Buch vorliegen. So wurde die Anordnung der Haiku vereinheitlicht: Auf die japanischen Basisbeispiele folgen nun immer die deutschsprachigen, niederländischen bzw. flämischen, dann – in doppelter Anzahl, nämlich zwölf – diejenigen aus dem englischen Sprachraum, gefolgt von französischen Haiku und schließlich noch sechs aus anderssprachigen Ländern. Die fremdsprachigen Beispiele bezieht Wirth dabei aus seiner unermüdlichen Lektüre renommierter Haiku-Zeitschriften wie *Frogpond* und *Modern Haiku* in den USA, *Haiku Canada Review* in Kanada, *Blithe Spirit* in Großbritannien, *Vuursteen* in Belgien und den Niederlanden, *Gong* in Frankreich und *Hojas en la acera* in Spanien, sowie diverser internationaler Anthologien und Einzelveröffentlichungen befreundeter Haiku-Dichter und -Dichterinnen. International wohl bekannt und gut vernetzt beschränkt sich im Übrigen Wirths Bemühen um das Haiku nicht auf Lesen und Übersetzen. Der Neuphilologe ist in sieben internationalen Haiku-Gesellschaften aktives

Mitglied, schreibt Essays und hält Vorträge und hat sich selbstverständlich auch als Haiku-Dichter national wie international einen Namen gemacht. Gäbe es einen Preis für die Verdienste um das Haiku, Klaus-Dieter Wirth würde er zweifellos zukommen.

Den Umschlag des bemerkenswerten Buches schmückt eine Illustration des japanischen Kuckucks (*hototogisu*) von Ion Codrescu, dem vielen SOMMERGRAS-Lesern und DHG-Mitgliedern wohlbekannten und international anerkannten rumänischen sumi-e-Meister. Weiterhin haben wir während der Lektüre das Vergnügen, zwanzig seiner Haiga zu entdecken oder wiederzuentdecken. Sie leiten jeweils über zum nächsten Grundbaustein und dienen dabei nicht allein der Auflockerung des Textes, sondern jedes Haiku der Haiga ist jeweils selbst ein Beispiel für den behandelten Grundbaustein.

Den Grundbausteinen stellt Klaus-Dieter Wirth lobenswerterweise ein Kapitel voran, in dem er einerseits die traditionellen Grundkomponenten des Haiku resümiert und andererseits dessen Wesensmerkmale aufzeigt, wie sie sich aktuell darstellen. Den Haiku-Kenner wird es auch hier erfreuen, alles Grundwissen einmal in einem Buch gesammelt vorzufinden, und den Haiku-Neuling führt es gleich auf den richtigen Weg der Erkenntnis, was es mit diesem wundersamen kleinsten Gedicht der Welt auf sich hat.

So haben wir es hier mit einem veritablen Haiku-Handbuch zu tun, wobei das elf Seiten lange Literaturverzeichnis am Schluss zusätzlich einen wahren Schatz birgt an guter Haiku-Primär- wie -Sekundärliteratur und Links zu seriösen Haiku-Internetseiten.

Den aufmerksamen SOMMERGRAS-Lesern und -Leserinnen wird es nicht entgangen sein, dass in unserer Zeitschrift bereits 37 Grundbausteine erschienen sind. Sie können sich freuen: Als Fortsetzung ist ein zweiter Band ab Grundbaustein 21 vorgesehen.

Ich habe ihn schon auf meine Wunschliste für das nächste Jahr gesetzt und da bin ich sicher nicht die einzige!

Rüdiger Jung

Morgennachrichten

Morgennachrichten. Haiku heute – Jahrbuch 2018.
Hrsg.: Volker Friebel. Edition Blaue Felder, Tübingen, März 2019. 96 Seiten.
Papier-Buch: ISBN 978-3-96039-022-0.
E-Buch epub-Format: ISBN 978-3-96039-023-1.

Zur spezifischen Qualität der japanischen Poesie gehört der Verweis-
Charakter auf den großen Resonanzraum dessen, was zuvor geschrieben
wurde. Dass es das inzwischen auch im deutschen Sprachraum gibt, mag
ein Hinweis darauf sein, dass die Haiku-Dichtung inzwischen wirklich bei
uns angekommen ist. Im neuen „Haiku-Jahrbuch" mag ein Beispiel aus
der Feder des Herausgebers als Beleg dienen:

> Herbstblätter wehen.
> Ich studiere
> den Fahrplan.   S. 32

Natürlich ein starkes Haiku; eines, das für sich selbst spricht. Aber wer
fühlt sich nicht auf einer zweiten Ebene an das erinnert, was Hans Magnus
Enzensberger vor gut sechs Jahrzehnten „Ins Lesebuch für die Oberstufe"
eintrug: „Lies keine Oden, mein Sohn, lies die Fahrpläne: Sie sind genau-
er. (…)"*

Was ist ein Haiku? Gewiss gibt jeder einzelne Text seine spezifische
Antwort. Und doch haben einige Haiku, ja, auch einzelne Zeilen für mich
ein besonderes poetologisches Gewicht. So beendet Ilse Jacobson das
wakiku eines der abgedruckten Tan-Renga mit den Worten:

> etwas wird klein in mir   S. 85

Paradox in einer Gesellschaft, die sich weitgehend über Wachstum und
Größe definiert. Tatsächlich wird etwas klein, um anderem Raum zu
geben. Worte nehmen sich zurück, damit wächst die Konzentration.

Gedankliche Fixierungen werden ad acta gelegt, um den Sinnen Raum zu geben. Ein Ich erfährt Welt gerade, indem es sich selbst zurücknimmt. Claus Hansson trifft nicht nur eine Aussage über das Frühjahr, wenn er schreibt:

die erste Fliege
wie sie sich putzt im Licht
auf meiner Hand   S. 35

Tatsächlich geht es dem Haiku auch beim Allergewöhnlichsten, auch beim Altvertrauten um ein Wahrnehmen wie beim allerersten Mal. Bis zu einem gewissen Grade lässt, wer Haiku schreibt, alles Erfahrene hinter sich, um dem Hier und Jetzt ganz Auge und Ohr zu sein. Jeder Eindruck, der in ein Haiku mündet, ist einzig, einzigartig, unwiederholbar. Von daher ist dem Haiku ein Gefühl der Wehmut, ein Gespür für Vergänglichkeit gleichsam eingeschrieben:

als wäre es das letzte Mal
blühender Flieder
    Gerda Förster

Glück ist im Haiku nicht anders als dinglich erfahrbar – und eben darum sehr verletzlich:

vierblättrig
am Rand schon angefressen
das Glück
    Angelica Seithe   S. 72

Das Haiku steht und fällt mit seiner sinnlichen Qualität; in dieser Hinsicht ist ein Beitrag von Ruth Guggenmmoos-Walter für mich absolut herausragend:

wochenmarkt –
klamme finger
rollen die wintersonne ein   S. 34

Die Wahrnehmung ist nicht isoliert, sie ist (zumal jahreszeitlich) kontext-
gebunden:

Vaters Rezepte
im Herbst gelesen. Es schmeckt
nach Bittermandel
    Conrad Miese   S. 58

Unter den „Morgennachrichten" entdecke ich Liebesgedichte, die sich die
Vorzüge des Haiku – seine Konzentration, seine evokative Kraft, seinen
Nachhall – zu eigen machen:

Scrabble
mein dreifacher Wortwert
du
    Eleonore Nickolay   S. 60

alte Eiche
gewachsen noch
das Herz
    Gabriele Hartmann   S. 36

Eine besondere Art, der Liebe Laut zu geben, ein Herz mit den Initialen
der Verliebten in das Holz eines Baumes zu ritzen. Und nach Jahrzehnten
festzustellen, dass mit dem Baum auch das Herz gewachsen ist.

Nicht nur die Liebe, auch Tod und Trauer und Eingedenken hinterlas-
sen im neuen Jahrbuch tief und nachhaltig ihre Spur:

Stiller Sommer
die Nummer des toten Freundes
ich lösche sie nicht
    Eleonore Nickolay   S. 59

Wer sich dem Anliegen Kobyashi Issa verschreibt, Fürsprecher und
Retter der kleinsten Kreatur zu werden, bleibt nicht von Sisyphus-Arbeit
verschont:

Hundstage
der gerettete Käfer klettert
zurück ins Regenfass

    Anke Holtz   S. 39

Vor allem aber ist dem neuen Haiku-Jahrbuch nichts Menschliches fremd. Da kommt Einsamkeit, mit Händen zu greifen –

keiner kommt –
sie kehrt und kehrt den Schnee
vor ihrem Haus

    Angelica Seithe   S. 72

neben Entzweiung zu stehen – und einer Betroffenheit, die sich zu helfen weiß:

Ehekrach
ihr Kind streichelt
den Hund

    Christa Beau   S. 8

Da ist die Unbedingtheit kindlichen Sehnens, die das Menschenmögliche selbst beim Geburtstag oder zur Weihnacht sprengen muss:

einmal springen können
schreibt sie
auf ihren Wunschzettel

    Martin Berner   S. 10

Da ist die leise, verhaltene Frage, ob die Trauer Menschen einen kann, die in der Liebe Konkurrenz füreinander waren:

Grabbesuch
die Blumen
des anderen

    Horst-Oliver Buchholz   S. 17

Da steht ein Notat bitterer Entwürdigung –

Ohrfeige
die Stille
danach

Frank Dietrich   S. 26

neben einem Dokument dafür, wie ein Mensch die eigene Würde (durchaus im Sinne Immanuel Kants!) zu wahren weiß:

die anmut mit der sie
die windeln bezahlt
uringeruch

Tobias Krissel   S. 48

Ein Schluss-Parcours dieser Rezension nimmt einige Texte in näheren Augenschein, die mich von meinem Beruf als Theologe her besonders ansprechen:

in der kita
babys und tiger
liegen beieinander

Tobias Tiefensee   S. 78

Das ist beides: eine herrliche Momentaufnahme und zugleich eine assoziative Brücke zum messianischen Friedensreich nach Jesaja II.
   Im Blick auf das heimliche Hochfest der Christenheit – Weihnachten – erweist das Geheimnis seine bleibende Kraft und Beharrlichkeit:

Vor der Bescherung
das Schlüsselloch
immer noch zu klein

Marita Bagdahn   S. 8

Gerade geistliche Themen atmen in der Poesie ein hohes Maß an Ambivalenz:

der Stein
der sich nicht wegrollen lässt ...
Ostern

Adrian Bouter   S. 15

Das kann ich als Infragestellung der Botschaft lesen („der Stein, der sich nicht wegrollen lässt") oder aber (der Schlusszeile wegen, wenn „Ostern" selbst dieser Stein ist) als Bekräftigung. Für die Frauen am Ostermorgen (Markus 16) ist der Stein, der das Grab verschließt, zunächst unüberwindliches Hindernis – ehe sie mit Schrecken (und schon mit Erleichterung?) entdecken, dass er weggerollt ist und der Zugang zum (leeren) Grab frei ist.

Hochgradig ambivalent auch Conrad Miesens Haiku zu Epiphanias:

Myrrhe verschenken.
Der dritte König wusste:
sie duftet nach Tod   S. 58

Macht der „dritte König" ein „vergiftetes" Geschenk, der dreizehnten Fee im Märchen vergleichbar? Keineswegs. Der dritte König schenkt, was helfen soll, der Not zu begegnen, das führende Schmerzmittel seiner Zeit. Die sinnliche Qualität der Schlusszeile („duftet") geht mit der prophetischen Dimension einher, die das Menschenmögliche sprengt, in Richtung des Geheimnisses, seiner Kraft und Beharrlichkeit.

*Hans Magnus Enzensberger: Die Gedichte. Frankf./M., 1983, S. 81)

Georges Hartmann

montmartre – rote lichter – nachtblaue stunden

montmartre – rote lichter – nachtblaue stunden
Ralph-Günther Mohnnau, Haibun von 1961 bis 1964 in vier handgebundenen Bänden.
Alpha Literatur Verlag, Frankfurt am Main 2018.

Wer bei dieser Überschrift an einen Reiseführer denkt, wird möglicherweise bereits nach den ersten Seiten mit fragendem Blick damit beginnen, sich stichprobenartig durch die vier Bände zu blättern, um herauszufinden, worauf man sich beim Lesen tatsächlich wird einstellen müssen. Aufzeichnungen eines Teenagers werden Sie sich womöglich denken und je nach Alter entweder mit einem Lächeln oder Entrüstung reagieren und die vier Bände zur Seite legen. Oft sind diese ersten Einblicke jedoch völlig ausreichend, dass man nachts schweißgebadet erwacht und ins dunkle Zimmer hinein philosophiert, der inneren Empörung ihren Lauf lässt, vielleicht gar überheblich reagiert, weil man sich selbst (*noch*) für moralischer oder weniger offenherzig einstuft, wie es eben Dinge gibt, über die man in all den Jahren einen hermetischen Deckel gestülpt hat. Jüngere Leser könnten gar überheblich reagieren.

Nach dieser ersten Flut der hochgekochten Emotionen könnten einige Tage vergehen, die Nächte wieder traumloser erscheinen, bis die in eine Ecke gelegten Bücher wieder ins Bewusstsein treten und man nun nach den ersten Eindrücken, den dabei eindringlich vor dem inneren Auge auftauchenden Szenen und im tiefsten Inneren geführten Selbstgesprächen das Bild von sich selbst wieder halbwegs geradegerückt hat und die älteren Leser mit einem zaghaften „na ja …" die eigene Vergangenheit zu hinterfragen beginnen und dabei über Szenen stolpern, die vielleicht mit anderen Worten, aber durchaus unterschiedlichen Emotionen wie Streiflichter vor dem inneren Auge auftauchen. Was ist aus all den Menschen geworden, die man im Leben kennen und oft auch lieben gelernt hat, obwohl der letztere Begriff oft mit einem schnellen Verfallsdatum behaftet sein konnte. Wie wurde man vom Jugendlichen zum Erwachsenen, könnte man ebenfalls fragen.

Die vier Bücher sind die Aufzeichnung eines bestimmten Lebensalters und schildern all das, was sich manche vielleicht so gewünscht hätten, andere in ähnlicher Weise, wenn auch nicht derart gehäuft, erlebt haben oder von ganz hartgesottenen Leserinnen und Lesern mit hochrotem Kopf abgelehnt werden. Seien Sie ehrlich zu sich selbst, lesen Sie unaufgeregt und überlegen Sie, warum der Protagonist, der an ein Tagebuch erinnernden Bücher am Ende seine Siebensachen in einen Koffer packt und alles in der Seine verschwinden lässt. Die geschilderten Begebenheiten sind auch eine Zeitreise in die eigene Vergangenheit. Bleiben sie neugierig und staunen sie am Ende auch über sich selbst.

die wolken ziehen
die liebe verweht
die erinnerung bleibt

Horst-Oliver Buchholz

Schwimmhäute

Schwimmhäute – Tanka von Gabriele Hartmann. 16 Seiten. bon-say-Verlag 2018. Zu beziehen unter info@bon-say.de

Sechzehn Tanka hat Gabriele Hartmann in diesem kleinen Büchlein vorgelegt, oder sollte man besser sagen: sechzehn Geschichten werden hier erzählt? Denn das zeichnet die Verse in besonderer Art aus, dass sie im kleinen Sprachraum der fünf Zeilen einen weiten Erfahrungs- und Erzählraum öffnen, wie er selten zu finden ist. Die heikle Balance von Gegenwärtigem, konkreter und allgemeinerer Erfahrung und Einsicht ist hier äußerst fein austariert, wie in einem harmonischen Ganzen und doch zugleich spannungsreich in dieser Harmonie. Ein Beleg und Beispiel gefällig? Hier ist es:

mit steifen Beinen
stakst er vorbei am Haus
der Jugendliebe
aus dessen Fensterhöhlen
ihm Gardinen winken

Ein offenbar alter Mann „mit steifen Beinen", schon schütter und unge-
lenk, „stakst" er vorbei am Haus seiner Jugendliebe. Er stakst vorbei, er
bleibt nicht stehen, es gibt dort keinen Halt mehr (keine Hoffnung?) für
ihn. Aus Fensterhöhlen („Höhlen" wohlgemerkt, nicht einfach Fenster)
winkt ihm niemand mehr zu, nur Gardinen, offenbar vom Winde oder
Durchzug bewegt. Der Wind als Zeichen des Flüchtigen, des Vergehens.
Hier drängt sich alles zusammen in einem starken Bild, kraftvoll und zart
zugleich – so entsteht Poesie hoher Güte. Diese Güte ist das verbindende
Element der sechzehn Tanka, eine offene Klammer der Gedichte, von
denen jedes einzelne tief ist, facettenreich und schillernd. Die „Schwimm-
häute" von Gabriele Hartmann, sie tragen den Leser weit.

Eleonore Nickolay

The call of the Gecko

The call oft the Gecko Haiku von Martina Khamphasith. 60 Seiten. Independently
published. ISBN 978-1-983260-74-2.

Issa würde dieses Buch lieben, schreibt David G. Lanoue auf dem Buch-
umschlag. Die Autorin darf sich geehrt fühlen, mit einem der vier großen
klassischen Haiku-Meister in einem Atemzug genannt zu werden. Lanoue
muss es wissen. Schließlich hat der ausgewiesene Issa-Experte 10.000
Haiku des Meisters aus dem Japanischen ins Englische übersetzt. Überdies
ist er an der Entstehung des „Call of the Gecko" nicht ganz unschuldig
und mag sich darüber auch gefreut haben: Martina Khamphasith übersetz-

te seinen Haiku-Ratgeber „Write like Issa" ins Deutsche und war so begeistert, dass es sie gleich zum Schreiben wie Issa inspirierte.

Wie ihr das gelungen ist, wollen wir an einigen ihrer 55 Haiku genauer betrachten. Das Büchlein ist in englischer Sprache erschienen. Die hier abgedruckten Übersetzungen ins Deutsche stammen von der Autorin. Und da ich inzwischen auch den Ratgeber gelesen habe, nehme ich ihn mir gleich zu Hilfe, um zu schauen, wie viel „Issa" in Martinas Haiku steckt.

Da wäre zum einen bereits die Themenwahl: Die Haiku handeln von den kleinsten und schwächsten Geschöpfen unseres Planeten, von allerlei Insekten, von Schnecken und Fröschen. Auch vom Gecko, dem Blutegel und der Gottesanbeterin ist die Rede. Dazu muss man wissen, dass Martina in Vientiane, der Hauptstadt von Laos lebt, und wir können uns vorstellen, wie es in diesem tropischen Land mit seiner üppigen Landschaft von solchem Getier nur so wimmelt.

Wichtiger als das Thema ist natürlich die Haltung, die die Autorin diesen Kreaturen gegenüber einnimmt. Und tatsächlich erkenne ich die von Lanoue beschriebene Haltung Issas in Martinas Haiku wieder: „Issas Sorge um kleine, schwache, einsame und unterdrückte Lebewesen begann mit dem wahren und aufrichtigen Bemühen, sich die Welt aus deren Blickwinkel vorzustellen. Er anerkannte eine gemeinsame Wirklichkeit, in der er nicht von einer höheren Ebene auf sie herabschaut, sondern sich auf gleichem Niveau befindet und mit ihnen fühlt. Aus dieser Vorstellungskraft heraus, gepaart mit der Wahrnehmung von gemeinsamen Verbindungen und Beziehungen, entstanden viele Haiku." (David G. Lanoue, Schreiben wie Issa, Seite 11)

birthday party – the ants' trail leads to the cake	Geburtstagsparty die Ameisenstraße führt zur Torte
at the market twenty ants carry home a grilled cicada	auf dem Markt zwanzig Ameisen tragen eine gegrillte Zikade heim

still there	immer noch da
the fly from yesterday …	die Fliege von gestern –
or her daughter?	oder ihre Tochter?
cloudburst	Wolkenbruch
only the snails	nur die Schnecken
leave their houses	verlassen ihr Haus

Wenn Martina hier die Tiere vermenschlicht, ist das, genau wie bei Issa, keineswegs eine kitschige Verniedlichung, sondern Ausdruck der Zusammengehörigkeit aller Lebewesen wie die einer Familie. Um zu dieser Einsicht zu gelangen, braucht man nicht zum Buddhisten zu werden, wie Issa es war, stellt Lanoue völlig richtig fest. In unserer Zeit reicht es, die globalen Auswirkungen des Klimawandels zu betrachten, um zu erkennen, wie eng das Schicksal von Mensch und Tier zusammenhängt. „Issa glaubte, dass Tiere seine Verwandten und Freunde aus früheren Leben waren. Es ist natürlich für einen Buddhisten, die Persönlichkeiten von Tieren in Ehren zu halten, denn diese könnten, so wie Menschen, eines Tages auch zum Buddha werden. („Schreiben wie Issa", Seite 13)

Neben der für Issa typischen Wertschätzung aller Geschöpfe finden wir in Martinas Haiku eine weitere Haltung Issas, das Mitgefühl.

trembling	taumelnd
over the plastic waste	über dem Plastikmüll
a butterfly	ein Schmetterling
spider on the wall	Spinne an der Wand
how lightly	wie leichtfüßig
you carry your cross	du dein Kreuz trägst
Sunday morning	Sonntagmorgen
a snail slides onto	die Schnecke kriecht auf
the highway	die Schnellstraße

Aber wie hält es Martina mit den ausgewiesenen Plagegeistern ihrer Wahlheimat? Sie erträgt das Zusammenleben mit der nervigen Nachbarschaft mit Humor, wie Issa!

weekend	Wochenende
the birds chirp	die Vögel zwitschern
at 5 a.m.	früh um fünf

midnight	Mitternacht
all frogs go home	alle Frösche gehen schlafen
but one	bis auf einen

full moon night	Vollmondnacht
the cricket at my window	die Grille am Fenster
does not come to rest	findet keine Ruhe

jungle trek	Dschungelwanderung
all the leeches wanting	alle Blutegel wollen
a ride	mit

smashed roach –	zertretener Kakerlak
after two hours	nach zwei Stunden
reincarnated	wiedergeboren

Und schmunzelnd gönnen wir ihr einen kleinen Triumph:

can't swallow	können's nicht verschlucken
my e-book	mein E-Book
hungry termites	hungrige Termiten

Die Dinge klar beim Namen nennen und Komik zulassen, auch das ist Issa:

under the Bo-tree	unterm Bo-Baum
a reclining Buddha	ein ruhender Buddha
covered with bird poo	bedeckt mit Vogeldreck

Die Welt betrachten mit den Augen eines Kindes: „Um wie Issa schreiben zu können, müssen wir zunächst wie Issa denken, das bedeutet, dass wir uns ohne Vorurteile den Augenblicken (…) öffnen. Kindliche Offenheit ermöglicht es, gewöhnliche Augenblicke des Lebens auf der Erde zu erleben, wie sie wirklich sind: nämlich als wunderbar." (Schreiben wie Issa, Seite 40)

93

I admire the caterpillar	ich bestaune die Raupe
the gardener	der Gärtner
scowls	grollt

Ja, ich stimme David G. Lanoue zu: Issa würde Martinas Haiku lieben. Es gelingt ihr wohlwollend, heiter und mit Kinderaugen die Welt zu betrachten. Die Lebensfreude, die ihren Gedichten innewohnt, springt auf uns über, und in dem Haus, von dem im Gecko-Haiku die Rede ist, würde ich gern einkehren.

geckos call	Geckos rufen
the house is filled	im Haus sind Gäste
with warm welcome	herzlich willkommen

Reinhard Dellbrügge

Landmarks. A Haibun Collection

Landmarks. A Haibun Collection von Ray Rasmussen. 112 Seiten. Haibun Bookshelf Publishing, Edmonton, Canada 2016 (2. Aufl.). ISBN 978-0-9948138-0-0.

Ray Rasmussen, General Editor des Online-Journals „Haibun Today" und seit Jahrzehnten umtriebiger Akteur in der englischsprachigen Haibun-Szene, hat im Jahre 2015 eine bemerkenswerte Haibun-Sammlung unter dem Titel „Landmarks" veröffentlicht.

Der Titel des Buches bezieht sich auf Marksteine in Form von Steinpyramiden resp. Steinfiguren, die überall in der arktischen Landschaft zu finden sind, aber auch als ästhetische Objekte Einzug ins urbane südliche Kanada, wo der Autor lebt, gehalten haben.

Rasmussens Haibun-Sammlung stellt eine Auswahl aus den Ergebnissen einer über fünfzehnjährigen Publikationstätigkeit dar, d. h. jedes in die Sammlung aufgenommene Haibun wurde bereits veröffentlicht, wenn auch nicht unbedingt in genau derselben Form. Der Autor erwähnt in der

Einleitung, wie lange (zwischen einigen Monaten und einem Jahr) und akribisch er an jedem Stück gearbeitet hat, bis schließlich jedes einzelne zu einem persönlichen „Markstein" wurde.

Thematisch decken die 63 Haibun, die zwischen einer halben und anderthalb Seiten lang sind, ein weites Feld ab: Erlebnisse in der kanadischen Wildnis, die Erfahrung des Alterns und des Ruhestands, Erinnerungen aus der Zeit als Hochschullehrer, an die Kindheit, die Eltern, an die eigenen Kinder und die Probleme des Aufwachsens, an Ehe, Scheidung, Verluste und Tod, an Freundschaften und späte Romanzen. Die oft sehr persönlichen Haibun zeichnen sich aus durch ihre sorgfältige Komposition, ihre Offenheit und Authentizität, ihren Humor und nicht zuletzt ihre Lebensklugheit. Sie lassen sich, bei aller Eigenständigkeit, auch als Splitter, Bruchstücke lesen, die sich zu einem autobiografischen Mosaik zusammenfügen.

Neben den literarischen bietet das Buch zwei lesenswerte theoretische Texte. „Modern English-language Haibun" grenzt das Genre in zehn Paragrafen gegen „flash fiction", „short stories" und „prose poetry" ab und beschreibt seine generellen Merkmale. „Writing Haibun: One Writer's Approach", ein gekürztes Interview aus dem Jahre 2011, gibt Auskunft über die Absichten, die Schreibtechnik und Entwicklungen des Autors und geht zum Schluss auf die Zukunftsaussichten der englischsprachigen Haibunszene ein.

In summa: ein überaus empfehlenswertes Buch.

Berichte

Thomas Opfermann

Der „Lyrische Pfad" – Haiku-Workshop beim „Kunstverein Aurich e. V."

Der „Kunstverein Aurich e. V." organisiert seit seiner Gründung 1988 Ausstellungen junger Talente, Künstler aus der Auricher Region, sowie national und international anerkannter Künstler. Ausstellungen in den Bereichen Gemälde, Grafiken, Fotos, Skulpturen, Plastiken, Installationen und Performances werden dabei von umfangreichen Rahmenprogrammen begleitet.

Im Frühjahr dieses Jahres stand die japanische Künstlerin Keiko Sadakane mit ihren Werken im Fokus der Ausstellung. Aufgewachsen in Japan, mittlerweile aber schon lange Zeit in Deutschland lebend, vereinen ihre Werke Aspekte der japanischen und westeuropäischen Kultur. Insbesondere Zen spielt hierbei eine herausragende Rolle. Ausstellungsbegleitend wurde ein ausgiebiges Rahmenprogramm durchgeführt; neben einer Einführung in die Welt des Zen war für den 28. April ein Haiku-Workshop geplant.

Kurzfristig gefragt, ob ich diesen Workshop durchführen könne, habe ich dieses Angebot gerne angenommen. Das „Teehäuschen", der Kunstpavillon am Ellernfeld, bot das ideale Ambiente für diesen Workshop. In kleiner, erlesener Runde wurden die Grundlagen des Haiku, formale Aspekte, die Themenwelt des Haiku sowie der besondere „Haiku-Geist" erarbeitet. Mit viel Neugier und Engagement wurden erste eigene Haiku verfasst und in der Runde diskutiert.

Als sehr positiv habe ich dabei empfunden, dass der Haiku-Enthusiasmus nicht mit dem Workshop endete. Einmal motiviert, wurden auch im Nachgang weitere Haiku verfasst und besprochen. Dem Workshop folgte am 5. Mai eine Lesung japanischer Kurzgeschichten und

Haiku. Der breiten Öffentlichkeit vorgestellt wurden die Haiku aus dem Workshop durch die Präsentation auf dem „Lyrischen Pfad".

Der „Lyrische Pfad" ist ein in Aurich beliebter Spazierweg, der mit wechselnden Themen über mehrere Monate an ausgewählten Stationen lyrische Texte vorstellt; eine schöne Idee, die im Workshop erarbeiteten Texte einem größeren Publikum vorzustellen! Eine gemeinsame Begehung mit Teepause auf halber Strecke des zweieinhalb Kilometer langen Rundweges bot am 23. Juni allen Interessierten die Gelegenheit, die ausgewählten 24 Haiku auf sich wirken zu lassen. Eine in meinen Augen gelungene Idee, das Haiku genau dorthin zu bringen, wo es von seiner Thematik (der Naturbeobachtung und Bestandteil von Reisetagebüchern) her seinen Ursprung hat!

Da das „Teehäuschen" derzeit umfangreich renoviert wird, bleibt an der Stelle der Wunsch, dass mit der Wiedereröffnung im kommenden Jahr noch viele solche Workshops in diesem angenehmen produktiven Umfeld stattfinden werden! Der „Lyrische Pfad" bietet dabei die perfekte Präsentationsform…

Jennifer Dillmann

Stille ermöglicht auch Begegnung mit sich selbst
So duftet warmer Regen …

Rosenfeld. Am Lyrikabend im Künstlerhaus Nadj&Rabsch haben sich zahlreiche Zuhörer in die Wirkungswelt der Worte entführen lassen. Wie duftet Regen? „Dieser kurze Regenschauer duftet grün", so die poetische Antwort von Angelika Holweger. Sie ist Mitglied in der Deutschen Haiku-Gesellschaft. Haiku ist eine japanische Kunstform und benötigt nicht viel, um zu wirken: eine Strophe, drei Zeilen, 17 Lauteinheiten.

Holweger rezitiert ihre Zeilen und lässt sie nachklingen:

Abgemäht
Unser Liebesorakel von einst
Gänseblümchen.

Sie lässt drei Sekunden verstreichen, bevor sie die Worte wiederholt. Es folgt eine Pause von fünf Sekunden, dann liest sie:

Abendlicht
Wie schnell sie verblüht
Die Wolkenrose.

Erneut verstreichen ein paar Augenblicke, bevor die Wiederholung folgt.

Die Zuhörer werden eingebettet in vielfältige Stimmungen, von melancholisch bis alltäglich. Es eröffnet sich ein Raum, in dem die Eindrücke wirken und sich entfalten können.

Trotz zahlreicher Besucher ist jeder für sich. Durch die sensible Atmosphäre werden der eigene Atem und jede kleinste Bewegung bewusst. Das hohe Maß an Stille ermöglicht die Begegnung mit sich selbst – mitten in einer sonst so hektischen und lauten Welt.

Dennoch ist der Lauschende nicht sich selbst ausgeliefert. Er wird nicht zurückgelassen, sondern immer wieder mit neuen Eindrücken abgeholt wie:

Spät abends
Nichts als die Amsel
Lange in mir.

Pause.

Die Kirsche auf der Sahnetorte zeigt sich in den „leisen Liedern" von Veronika Nadj. Durch sie wird der Lyrikabend erst vollkommen. Die Klänge in leidenschaftlichem Italienisch, Spanisch und Portugiesisch schenken dem Zuhörer den Grad der Selbstvergessenheit, den er durch das Haiku loslassen konnte. Nadjs authentische und volle Stimme lässt in jedem Ton eine eigene Geschichte mitschwingen. Ein Zuhörer zeigt sich jedes Mal so ergriffen, dass er die Hände erhebt, um sie dann wieder still sinken zu lassen.

Beifall darf es erst nach der Lesung geben, damit die Atmosphäre nicht zerstört wird. Um so begeisterter applaudieren die Zuhörer am Ende. Alle sind nach der Veranstaltung zu selbst gemachtem Gebäck von Holweger und angeregten Gesprächen eingeladen. Dazu gibt es Wasser und Wein.

Petra Klingl

Haiku auf Sendung – Haiku on air!

Im Rahmen des Berliner Haiku-Festivals „Shapes of Haiku" erhielten Kensuke Kashiwakura und ich eine Einladung zu einem Live-Interview im RBB-Kulturradio zum Thema Haiku. Am 13. April 2019 war es soweit. Wir wurden am Eingang des ältesten eigenständigen Funkhauses der Welt, in der Masurenallee, von einer Mitarbeiterin abgeholt. Ehrfürchtig schritten wir durch die monumentalen Flure, um schließlich die schlichten Senderäume zu erreichen. Wir waren ziemlich aufgeregt, weil wir die Fragen nicht kannten. Für Kensuke eine besondere Herausforderung, alles in deutscher Sprache zu bewältigen. Aber, ich nehme es vorweg, er meisterte es souverän.

Um 10.45 Uhr im Studio, die roten Lichter über unseren Mikrofonen gehen an – Auf Sendung! On Air!

Sprecherin: Bei uns im Studio sind Petra Klingl, eine Haiku-Dichterin aus Berlin, und Kensuke Kishiwakura, ein japanischer Haiku-Dichter.
Guten Tag Herr Kishiwakura, fangen wir doch mit einem Haiku an.
Sie haben ein Beispiel für uns dabei.

Kensuke Kashiwakura: Okay, da lese ich jetzt mein Haiku auf Deutsch vor:

Wir am Tisch
schälen Birnen
zu zweit, eine Familie

Sprecherin: Bitte auf Japanisch

Kensuke Kashiwakura liest es in japanischer Sprache.

Sprecherin: Einmal auf Deutsch, einmal auf Japanisch. Frau Klingl, was ist typisch Haiku? Was gehört zu dieser Haiku-Form?

100

Petra Klingl: Das Typische an der Haiku-Form ist, dass es ein ganz kurzes Gedicht ist, dass es aufgeteilt wird auf drei Zeilen, in Deutschland sind es 10 bis 17 Silben, und es beschreibt immer einen Augenblick, den man gerade erlebt. Also keine Reime, ohne Titel. Es beschreibt nichts in der Vergangenheit, in der Zukunft, sondern den Augenblick, den man irgendwo erlebt.

Sprecherin: Und auch keine Gefühle. Das ist ja sehr anders als im deutschen Gedicht.

Petra Klingl: Ja genau, auch keine Gefühle und es werden keine Bewertungen abgegeben.

Das dritte besonders Wichtige ist, dass das Haiku offen ist. Das Haiku findet zweimal statt, einmal im Schreiben und dann noch einmal im Erleben des Lesers. Dass der Leser es in seiner Fantasie, in seinem Erlebten noch einmal nachvollziehen kann und eine neue Geschichte daraus entsteht.

Sprecherin: Haiku gilt als kürzeste Gedichtform der Welt. Herr Kishiwakura, und Sie haben auch gesagt, in Japan ist das jedenfalls so, dass es an die Jahreszeiten gebunden ist. Sie könnten jetzt kein Gedicht über den Sommer veröffentlichen?

Kensuke Kashiwakura: Das kann man schon, aber man muss immer mit den Jahreszeitenwörtern dichten.

Wenn zum Beispiel Frühling ist, nehmen wir Kirschblüten oder Schwalben für das Haiku.

Sprecherin: Weil es mit dem Hier und Jetzt zu tun haben soll und nicht mit dem, was irgendwann mal war. Wann ist denn diese Gedichtform entstanden?

Kensuke Kashiwakura: Haiku ist vor 500 Jahren entstanden. Bashō war der Gründer des Haiku. Er hat die künstlerische Haiku-Form entwickelt.

101

Sprecherin: Frau Klingl, Sie haben diese künstlerische Form 2010 für sich entdeckt und haben sich sofort verliebt. Was ist denn der besondere Reiz des Haiku?

Petra Klingl: Ja, ich bin Lyrikerin und liebe Kurzlyrik. Als ich Haiku entdeckte, hat mich sofort fasziniert, dass man einen Augenblick in so einer kleinen vorgegebenen Form, also in drei Zeilen, darstellen kann.

Sprecherin: Weil man sich konzentrieren muss.

Petra Klingl: Weil man sich konzentrieren muss und so kurz wie möglich den Augenblick beschreibt. Ich rechnete damals nicht damit, dass mich das so packen würde.

Die dritte Regel, dass es offen bleiben soll, dass es sich im Erleben des Lesers weiterentwickelt und das Ringen darum, macht die Faszination aus und fesselt mich.

Sprecherin: Eine Art Twitter. Herr Kishiwakura, Sie haben 2016 einen Preis bekommen, den Taka-Nachwuchspreis. Sie sind richtig ausgebildet bei Haiku-Dichtern. Sie waren bei Maya Okuzaka und Keisyu Ogawa. Wie wird man denn ausgebildet? Was muss man lernen, um Haiku zu dichten?

Kensuke Kashiwakura: Ja, am Anfang findet man es sehr einfach, dass man Haiku schreiben kann, aber um ein Haiku zu schreiben, muss man ganz viel erfahren und erleben, weil diese Form Kunst ist. Man muss die Form nicht so viel beschreiben und sollte aber viel trainieren und die Technik verbessern. Bei uns ist es wirklich alltäglich, in einen Haiku-Kreis zu gehen. Dort ist dann ein richtiger Haiku-Dichter, der ganz viel Erfahrung hat. Er lehrt uns ganz viel, zum Beispiel die Jahreszeitenwörter oder wie man seine Haiku sonst noch verbessern kann.

Sprecherin: Frau Klingl, was sind denn die Unterschiede zwischen deutschen und japanischen Haiku?

Petra Klingl: Der Unterschied ist, dass im Deutschen die 5-7-5-Regel nicht eingehalten werden muss. Im Japanischen sind die Lauteinheiten immer gleich lang, während im Deutschen die Silben unterschiedliche Buchstabenanzahlen haben.

Es gleicht sich, dass man über Jahreszeiten schreibt, dass man einen Augenblick beschreibt.

Viele Menschen wohnen in der Stadt und nicht mehr in der Natur. Gegenständlich für das Haiku sind alle Orte, an denen der Mensch sich befindet, also die gesamte Umwelt: Computer, im Studio, überall kann man Haiku schreiben.

Sprecherin: Haben Sie ein Lieblings-Haiku?

Petra Klingl: Ja, ich habe ein Lieblings-Haiku, das verdeutlicht auch gleich, welches Spektrum ein Haiku haben kann:

Morgengesichter
in der S-Bahn
haben den Tag schon hinter sich

Sprecherin: Wunderbar! Festival „Shapes of Haiku-Festival" im Bergmannkiez in der Lettrétage, heute und um 20.00 Uhr „Haiku Now" – eine Lesung und Diskussion mit Petra Klingl und Kensuke Kishiwakura, meinen Gästen heute.

Vielen Dank an Sie beide.

Siebeneinhalb Minuten – das rote Licht erlischt. Musik ...

Wir fallen uns in die Arme und nach einem „Beweisfoto" gehen wir fröhlich von dannen.

P. S.: Wer neugierig ist – die Lesung kann jeder anschauen, auf YouTube unter dem Titel: Lesung „Haiku Now".

Die Vermählung von Kunst und Poesie

Text – Form – Fantasie: Fünf Haiku-Dichterinnen und -Dichter und ein Künstler treffen sich in einer alten Feuerwache. Eine erstaunliche Begegnung mit erstaunlichen Ergebnissen.

Es kratzte ein wenig. Manchen im Hals, andere kratzen mit der Feder über weißes Papier. Das Kratzen im Hals war der beginnenden Herbstzeit geschuldet, die Geräusche überm Papier kreativen Stunden, wie sie nur selten durchlebt werden können. Auch der Ort, an dem sich dies zutrug, war ungewöhnlich: eine verlassene Feuerwache in Heidelberg unweit des Bahnhofs. Hier, im Dezernat 16 wie es jetzt heißt, hat der Heidelberger Künstler Michael Lerche sein Atelier, seine Werkstatt. Hier arbeitet er, malt, zeichnet oder verarbeitet Fundstücke aus der Natur zu vieldeutigen Skulpturen. Und hierher waren an einem sonnigen Tag im Oktober fünf Autorinnen und Autoren der Deutschen Haiku-Gesellschaft gekommen, Ellen Althaus-Rojas, Claudia Brefeld, Ruth Karoline Mieger, Martin Thomas und der Autor dieser Zeilen, um sich von dieser Kunst zu Haiku-Versen inspirieren zu lassen, um den Kunstwerken eine poetisch Ebene hinzuzufügen. Nicht beschreibend, sondern die Kunst des Michael Lerche als Quell für Assoziationen, für eigene Gedanken, Emotionen, vielleicht auch Erinnerungen aufnehmend, die schließlich einfließen sollten in zahlreiche Haiku.

Möglich wurde diese Begegnung durch die Einladung von Michel Lerche sowie die umsichtige Vorbereitung und Organisation von Ellen Althaus-Rojas. Das weitläufige Atelier im Dezernat 16 öffnete den Raum, in dem sich kreative Wortkunst entfalten konnte, die großen Industriefenster brachten zusätzlich Licht in den Tag.

Doch galt es zunächst, sich der Kunst von Michael Lerche zu nähern, Stück für Stück, Minute um Minute. Erste Hinweise gab der Künstler bei einem Rundgang entlang seiner Werke selbst, weitere lieferte das eigene individuelle Betrachten der Werke in den folgenden Stunden.

Abstraktes und Konkretes

Die Bilder Michael Lerches sind abstrakt und entfalten im Abstrakten eine eigene unmittelbare Wirkung. Schnell wurde indes klar: In diesem Abstrakten ist vieles zu entdecken, Formen und Figuren, die auf Konkretes verweisen können – je nach Perspektive des Betrachters. Nicht anders ist es bei seinen Skulpturen. Da wird aus einem Ast durch Umwickeln mit Verbandsmaterial, das zusätzlich weiß getüncht wurde, eine ganz eigene neue Figuration, in der der Ursprung, hier: der Ast, noch deutlich erkennbar ist, durch die Verarbeitung jedoch eine neue ästhetische Wirkung ausstrahlt und inhaltliche Vertiefung erfährt. Von solcher Art Wirkung getragen, machten sich die fünf Autorinnen und Autoren ans Schreiben, zogen sich mit einer Tasse Tee oder Kaffee in verschiedene Winkel des Ateliers zurück oder durchwanderten es von Bild zu Bild, von Werk zu Werk. Eine sonderbare Ruhe breitete sich aus, intensiv und konzentriert, doch nicht angestrengt, zu keiner Minute.

kreative Stunde
kein Ton trübt die Tiefe –
Naseschneuzen

Den Stunden kreativer Ruhe und Arbeit schlossen sich solche des Vorlesens und der Gespräche an. In reger Runde lasen die Dichterinnen und Dichter ihre Verse vor, erläuterten, wo nötig, und ließen unkommentiert wirken, wo es keines weiteren Wortes bedurfte. Eine beschauliche Feierstunde zur Vermählung von Kunst und Poesie, oder: Formen und Farben, Worte und Verse ...

Heiliger Abend
über tiefen Gräben
gefriert das Land
     Ellen Althaus-Rojas

Michael Lerche, 40 x 40 cm
www.michael-lerche.de

wie sie
ihr Haar hochsteckt
im Silberlicht
     Claudia Brefeld

Herbstlicht
die Einsamkeit
der Gräser
     Ruth Karoline Mieger

Michael Lerche, 40 x 40 cm
www.michael-lerche.de

Tödliche Schüsse –
die Geschichten der Opfer
selten erzählt
> Martin Thomas

in der Dunkelheit
verloren
dein helles Lachen
> Ruth Karoline Mieger

Sturmfront
das dunkle Auge
der Lagerbaracke
> Claudia Brefeld

Michael Lerche, 100 x 100 cm
www.michael-lerche.de

Über Dichten und Denken, Schauen und Schreiben ging ein besonderer Tag zur Neige, nur wenig Licht fiel noch durch die großen Fenster ins Atelier. Doch schon der Tag darauf brachte wieder Erhellendes.

Besuchen, suchen und finden
Denn es hatten sich Gäste angekündigt. Gäste, die den Spuren der kreativen Stunden des Vortags nachspüren wollten, mit eigenen Augen sehen und erfahren, was im Spannungsfeld von Bildender Kunst und Haiku zutage gefördert worden ist. Eine von ihnen, Michaela Vogl, verwaltet den studentischen Dichterkreis „Kamina" an der Universität Heidelberg. Im Gespräch entstand die Metapher eines Hauses mit Türen. „Je nachdem, ob ein Besucher eher sprachlich oder besser rein visuell leichter anzusprechen ist, findet er oder sie einen schnellen und tieferen Einstieg in das künstlerische Thema. Auch die Kombination von mehreren Haiku zu einem Kunstwerk ist eine wunderbare Sache, da man sogar noch mehr Türen zur Auswahl hat und sich in dem einen oder anderen Zugang besser wiederfinden kann."

Kerstin Baumbusch nimmt den Gedanken auf und führt ihn weiter: „Durch das Zusammenwirken, die Synergie, entstehen eine große, mehrdimensionale Kraft und ein Berührtsein von großer Tiefe. Erstaunlicherweise passiert das sogar, wenn mehrere, zwangsläufig verschiedenartige Haiku beim gleichen Bild stehen. Das ist dann so, als würde ein Fächer geöffnet oder man würde in ein Facettenauge blicken."

Daria Soboleva, 1. Vorsitzende des studentischen Kunstvereins „Art van Demon" in Heidelberg, rückt die Verbindung von Kunst und Poesie in einen kunsthistorischen Kontext. „Während sich in Europa seit der Antike Debatten entwickeln, welche Kunstgattung lohnenswerter sei, vereinen sich im ostasiatischen Raum Poesie und Bild zu einem Gesamtkunstwerk", führt sie aus und mit Blick auf die Werke im Atelier: „Unabhängig voneinander haben hier Dichter ihre Wahrnehmungen und Interpretationen von Michaels Arbeiten in unterschiedlichen Haiku verarbeitet, die das Verständnis des Kunstwerks nicht erschweren, sondern im Gegenteil mehrere Zugänge zum eigenen Sinn ermöglichen. Diese persönlichen ab und zu stark voneinander abweichenden Interpretationen provozieren Diskussionen bei der Betrachtung und lassen eigene Wahrnehmungen vergleichen und ergänzen."

So gingen zwei besondere Tage rasch zu Ende und hinterließen doch Bleibendes: Kunst in Wort und Bild sowie die Erfahrung von den erstaunlichen Möglichkeiten ihres Zusammenspiels. Quell all dessen waren die Werke Michael Lerches. Doch es floss auch Inspiration zu ihm zurück. Der Künstler erzählt: „Am Abend unseres zweiten Tages saß ich mit der Gitarre auf meiner Terrasse, um mich ein wenig von der Sonne wärmen zu lassen. Über mir flogen mit lautem Geschrei Starenschwärme. Da schrieb ich mein erstes Haiku …"

Stare sammeln sich
entlocke der Gitarre
eine Abschiedsmelodie

Mitteilungen

Neuveröffentlichungen

1. Christa Beau: Schaumblasen knistern, 82 Haiku, illustriert mit zwölf Vignetten von Grażyna Werner. 58 Seiten. Verlag: epubli GmbH, Berlin 2019. ISBN: 978-3-748506-11-9.
2. Volker Friebel: Das Haiku. Grundwissen – Vertiefungen – der Horizont. Edition Blaue Felder, Tübingen 2019
3. Volker Friebel: Manchmal Tau. Lyrik und Haiku. Edition Blaue Felder, Tübingen 2019.
4. Gabriele Hartmann: Welch stiller Morgen. 24 Winter-Haiku. A6 quer. 28 Seiten, Handarbeit. bon-say-verlag 2019. Zu beziehen unter: info@bon-say.de
5. Dietmar Tauchner: IKONEN DES WINDLIEDS, ICONS OF WINDSONG, वायुगीत के ि॑तमान. Kurzgedichte / short poems / लघु किवताएँ. Copyright© 2019 Dietmar Tauchner. First Edition: 2019. ISBN: 978-93-89074-15-4.
6. SOMMERGRAS auf der Website der „Haiku International Association".

   Mitte Juni wurden zum ersten Mal Haiku aus SOMMERGRAS 125 von Emiko Miyashita auf der HIA-Website veröffentlicht. Die Haiku wurden zuvor von Claudia Brefeld ins Englische übersetzt und dann von Emiko Miyashita ins Japanische übertragen. Martin Thomas setzte dann die Namen der Autoren in Katakana-Zeichen. Die ausgewählten Haiku aus SOMMERGRAS 126 sind jetzt unter http://www.haiku-hia.com/overseas/primer/english/archives/41.html/ einsehbar.

Sonstiges

1. Haiku-Aufruf 2020 der DHG für die Haiku-Agenda 2021

Die Teilnahmebedingungen sehen vor:

– Bis zu vier Haiku pro Teilnehmer, wobei jedes Haiku eine andere der vier Jahreszeiten thematisieren soll, wozu sich beispielsweise die bekannten Bezüge zu Klima und Natur, zu Fest- und Feiertagen eignen.
– Die Haiku müssen unveröffentlicht sein.
– Für das Cover der Agenda 2021 nehmen wir gerne Gestaltungsvorschläge entgegen. Hier gelten folgende Bedingungen:
– Eine Einsendung (in Hochformat, ohne Beschriftung) pro Teilnehmer
– Einreichen im verkleinerten Format ist möglich – zur Verwendung müsste der Vorschlag in ausreichender Größe (etwa 1400 Pixel x 2250 Pixel oder mehr) zur Verfügung gestellt werden können.

Einsendeschluss für alle Zusendungen zur Haiku-Agenda 2021:
30. Juni 2020 – Stichwort „Agenda 2021"
Per E-Mail bitte an:
peter.rudolf@dhg-vorstand.de
Per Post bitte an:
Petra Klingl
Wansdorfer Steig 17
13587 Berlin

2. Ausschreibung Haiku-Jahrbuch 2019

Das Haiku-Jahrbuch ist der Versuch, ein Gedächtnis des deutschsprachigen Haiku aufzubauen. Alle bisher erschienenen Jahrbücher (2003–2018) sind unter folgender Adresse kostenfrei als pdf-Dateien ladbar: www.haiku-heute.de/jahrbuch
Für das Haiku-Jahrbuch 2019 werden die besten Haiku gesucht, die 2019 entweder geschrieben oder erstmals veröffentlicht wurden, gerne auch in Mundart (zur leichteren Beurteilung bitte mit Übersetzung ins Hochdeutsche). Senden Sie bitte Ihre besten Haiku des Jahres ein (maximal 50). Die Texte müssen keineswegs unveröffentlicht sein, Sie

müssen aber über die Rechte verfügen. Auch Tan-Renga sind erwünscht, längere Kettengedichte, Tanka oder Haiku-Prosa dagegen nicht.

Bitte fügen Sie noch einige Zeilen zu Ihrer Person hinzu, die, bearbeitet, ins Autorenverzeichnis aufgenommen werden können (Vor- und Nachname, Geburtsjahr, Wohnort, Tätigkeit, Sonstiges).

Das Jahrbuch wird sowohl als Papierdruck als auch elektronisch veröffentlicht. Jeder aufgenommene Autor erhält, soweit er eine E-Mail-Adresse angibt, kostenfrei eine elektronische Datei. Anders als bisher wird die gedruckte Ausgabe des Jahrbuchs nicht mehr über den Herausgeber erhältlich sein, sondern muss, wenn gewünscht, bei einer Buchhandlung oder einem Versand besorgt werden.

Mit der Einsendung erklären Sie, dass Sie über die Rechte an den eingereichten Texten verfügen und mit dem kostenfreien Abdruck im Haiku-Jahrbuch (Papierdruck sowie elektronische Datei) unwiderruflich einverstanden sind. Alle weiteren Rechte bleiben bei Ihnen, Sie können über Ihre Texte also weiterhin frei verfügen.

Einsendungen bitte an: Volker Friebel, Denzenbergstraße 29, 72074 Tübingen (Deutschland), vorzugsweise aber über das Einsendeformular zum Jahrbuch auf www.haiku-heute.de/jahrbuch. Die Einsendefrist endet am 15. Januar 2020. Benachrichtigungen erfolgen über www.haiku-heute.de und über die E-Mail-Adressen der Einsender.

3. **www.ahaiga.ch geht online.**

Am 1.Oktober 2019 starteten Helga Stania und Ramona Linke ein neues Haiga-Portal. Autoren und Autorinnen sind eingeladen, pro Quartal zwei Haiga einzureichen. Wir freuen uns auf traditionelle, zeitgenössische und experimentelle Werke.

Ramona Linke und Helga Stania

4. **Neue Haiku-Gruppe Hildesheim**

In Hildesheim wurde im August auf Initiative von Dr. Wolfgang Volpers eine neue Haiku-Gruppe ins Leben gerufen, die sich vierteljährlich zu treffen beabsichtigt.

5. **Badisch-Pfälzischer Haiku-Stammtisch in Durmersheim geplant**
Um sich übers Haiku-Schreiben, Lyrik allgemein und andere Themen des Schreibens auszutauschen, ist ein Stammtisch am Samstag, dem 18. Januar 2020 ab 18:30 Uhr geplant. Er findet in Durmersheim (zwischen Rastatt und Karlsruhe) im Gasthaus „Lamm" (Speyerer Str. 82) statt.
Anmeldung: Rudolf A. Schmeiser, Speyerer Str. 91, 76448 Durmersheim, Tel: 07245/918339 und 0171/9241976, E-Mail: rudolfschmeiser@t-online.de
Selbstverständlich können auch Mitglieder aus allen anderen Bundesländern, die gerade in der Nähe sind, teilnehmen.

6. **Surimono – Gedichtblätter der Shijo Schule**
Adèle Weers möchte auf eine Ausstellung des Museums Rietberg in Zürich hinweisen: Surimono – Gedichtblätter der Shijo Schule, Ausstellungsdauer vom 24. Oktober 2019 bis 9. Februar 2020. Die Medienbilder zur Ausstellung finden Sie auf der Website des Museums.
https://rietberg.ch/medien/medienbilder

7. **16. Welt-Kinder-Haiku-Wettbewerb 2019–2020 der JAL-Foundation**

Thema: SPORT

Einsendungen/Teilnahme
- Ein Haiku in deutscher Sprache pro Kind (handgeschrieben oder getippt) zum Thema „Sport" mit einer Illustration.
- Teilnehmer müssen am 29. Februar 2020 jünger als 16 Jahre sein.
- Gemeinsam mit dem Haiku muss der Autor auf einem DIN A4 Blatt eine handgearbeitete Illustration anfertigen.
- Auf der Rückseite des Werkes muss die Anmeldung aufgeklebt und mit folgenden Angaben versehen werden: Vorname, Name, Alter, Adresse, Telefonnummer, ggf. E-Mail- oder weitere Kontaktadresse.

Komposition

– Jede Art der Illustrierung ist erlaubt (ausgenommen Fotografien oder digitale Bilder).
– Jede Einsendung muss ein bisher noch nicht veröffentlichtes Original sein.
– Das Haiku besteht aus drei Zeilen.
– Alle Rechte (Komposition und Illustration) gehen an die JAL Foundation über.

Ergebnis

– Die Ergebnisse werden auf der Webseite der JAL-Foundation im Juni 2020 veröffentlicht.
– Die Gewinner-Haiku werden im Bordunterhaltungsprogramm der internationalen JAL-Flüge mit Boeing 787 gezeigt.

Einsendungen an:

Japan Airlines Co., Ltd
„Haiku-Wettbewerb"
Rossmarkt 15
60311 Frankfurt am Main

Einsendeschluss: 29. Februar 2020
Generelle Anfragen: info.germany@jal.com

Erratum

Sommergras Nr. 126, Seite 10: Ein Haiku von Ruth Karoline Mieger wurde anstatt dreizeilig, irrtümlicherweise zweizeilig abgedruckt.

Rechenschaftsbericht
meine Nachbarin zählt
die Maschen

Haiku-, Tanka- und Haiga-Mentoring

Für das **Haiku-Mentoring** stellt sich zur Verfügung

Claudia Brefeld   claudia.brefeld@rub.de

Für das **Tanka-Mentoring** stellt sich zur Verfügung

Tony Böhle   tonyboehle@web.de

Für das **Haiga-Mentoring** stellt sich zur Verfügung

Claudia Brefeld   claudia.brefeld@rub.de

Covergestaltung

Das Cover dieser Ausgabe wurde von Ruth Karoline Mieger gestaltet.
Sie wurde 1946 im Saarland geboren und lebt seit vier Jahrzehnten in
Wiesbaden. Bei ihren Wanderungen ist neben Notizblock und Stift für
Haiku-Notizen die Kamera immer dabei. Die schönsten Fotos verwendet
sie für Grußkarten, manchmal auch für Haiga.
Das Cover-Foto entstand in einem Freizeitpark bei Flörsheim am Main.
Einige der in diesem Park aufgenommenen Winterfotos wurden in einer
Gemeinschaftsausstellung gezeigt.

Foto: Eleonore Nickolay

Impressum

Vierteljahresschrift der Deutschen Haiku Gesellschaft
31. Jahrgang – Dezember 2019 – Nummer 127

Herausgeber: Vorstand der DHG
                       Tel.: 040/460 95 479
                       E-Mail: info@deutschehaikugesellschaft.de

Redaktion: Horst-Oliver Buchholz, Eleonore Nickolay, Thomas Opfermann,
                       Ramona Linke, Claudia Brefeld

Titelillustration: Ruth Karoline Mieger

Lektorat, Satz   Martina Khamphasith
und Layout:

Freie Mitarbeit erwünscht. Ihre Beiträge schicken Sie bitte per

E-Mail an: Horst-Oliver Buchholz, Eleonore Nickolay, Thomas Opfermann:
                       redaktion@deutschehaikugesellschaft.de

Post an: Petra Klingl, Wansdorfer Steig 17, 13587 Berlin

Über die Veröffentlichung der Beiträge entscheidet die Redaktion. Die Meinung unserer Autoren muss sich nicht immer mit der Meinung der Redaktion decken. Die Beiträge werden von uns sorgfältig geprüft, für die Richtigkeit, Vollständigkeit und Aktualität der Inhalte, insbesondere der fremdsprachlichen Texte, können wir jedoch keine Gewähr übernehmen.

In der Zeitschrift SOMMERGRAS wird (betrifft Beiträge der Redaktion) die männliche Form stets generisch gebraucht und bezieht folglich die weibliche Form mit ein.

Einsendeschluss
für die Haiku- und Tanka-Auswahl: 15. Januar 2020
Redaktionsschluss: 25. Januar 2020

Jahresabonnement Inland (inkl. Porto) 45 €
Jahresabonnement Ausland (inkl. Porto) 55 €
Einzelheftbezug Inland (inkl. Porto) 12 €
Einzelheftbezug Ausland (inkl. Porto) 14,50 €
Auslandsversand nur auf dem Land-/Seeweg.

Der Mitgliedsbeitrag beträgt 45 € im Jahr und beinhaltet die Lieferung der Zeitschrift (Inland inkl. Porto, Ausland + 10 € Porto).
Die finanzielle Unterstützung der DHG quittieren wir mit Spendenbescheinigungen.